U0616704

紹興大典

史部

光緒上虞縣志

1

中華書局

圖書在版編目(CIP)數據

(光緒) 上虞縣志 / (清) 唐煦春修 ; (清) 朱士黻等纂 . —
北京 : 中華書局 , 2024.6
(紹興大典 · 史部)
ISBN 978-7-101-16627-9

Ⅰ . 光… Ⅱ . ①唐… ②朱… Ⅲ . 上虞縣 – 地方志 –
清代 Ⅳ . K295.54

中國國家版本館 CIP 數據核字 (2024) 第 100405 號

書　　名	(光緒) 上虞縣志 (全八册)
叢 書 名	紹興大典 · 史部
修　　者	〔清〕唐煦春
纂　　者	〔清〕朱士黻 等
項目策劃	許旭虹
責任編輯	梁五童
裝幀設計	許麗娟
責任印製	管　斌
出版發行	中華書局
	(北京市豐臺區太平橋西里38號 100073)
	http: // www. zhbc. com. cn
	E-mail: zhbc@zhbc. com. cn
印　　刷	天津藝嘉印刷科技有限公司
版　　次	2024年6月第1版
	2024年6月第1次印刷
規　　格	開本787 × 1092毫米　1/16
	印張251½
國際書號	ISBN 978-7-101-16627-9
定　　價	3260.00元

學術顧問（按姓氏筆畫排序）

安平秋　李　岩　吴　格

袁行霈　張志清　葛劍雄

樓宇烈

編纂工作指導委員會

主　　任　盛閲春（二〇二二年九月至二〇二三年一月在任）

温　暖　施惠芳　肖啓明　熊遠明

第一副主任　丁如興

副 主 任　陳偉軍　汪俊昌　馮建榮

成　　員（按姓氏筆畫排序）

王静静　朱全紅　沈志江　金水法　俞正英

胡華良　茹福軍　徐　軍　陳　豪　黄旭榮

裘建勇　樓　芳　魯霞光　魏建東

編纂委員會

主　編　馮建榮

副主編　黃錫雲　尹　濤　王静静　李聖華　陳紅彦

委　員（按姓氏筆畫排序）

王静静　尹　濤　那　艷　李聖華　俞國林

陳紅彦　陳　誼　許旭虹　馮建榮　葉　卿

黃錫雲　黃顯功　楊水土

史部主編　黃錫雲　許旭虹

序

紹興是國務院公布的首批中國歷史文化名城，是中華文明的多點起源地之一和越文化的發祥、壯大之地。從嵊州小黄山遺址迄今，已有一萬多年的文化史；從大禹治水迄今，已有四千多年的文明史；從越國築句踐小城和山陰大城迄今，已有兩千五百多年的建城史。建炎四年（一一三〇），宋高宗駐蹕越州，取義「紹奕世之宏庥，興百年之丕緒」，次年改元紹興，賜名紹興府，領會稽、山陰、蕭山、諸暨、餘姚、上虞、嵊、新昌等八縣。元改紹興路，明初復爲紹興府，清沿之。

紹興坐陸面海，嶽峙川流，風光綺麗，物産富饒，民風淳樸，士如過江之鯽，彬彬稱盛。春秋末越國有「八大夫」佐助越王卧薪嘗膽，力行「五政」，崛起東南，威續戰國，四分天下有其一，成就越文化的第一次輝煌。秦漢一統後，越文化從尚武漸變崇文。晋室東渡，北方士族大批南遷，王、謝諸大家紛紛遷居於此，一時人物之盛，雲蒸霞蔚，學術與文學之盛冠於江左，給越文化注入了新的活力。唐時的越州是詩人行旅歌詠之地，形成一條江南唐詩之路。至宋代，尤其是宋室南遷後，越中理學繁榮，文學昌盛，領一時之先。明代陽明心學崛起，這一時期的越文化，宣導致良知、知行合一，重於事功，伴随而來的是越中詩文、書畫、戲曲的興盛。明清易代，有劉宗周等履忠蹈義，慷慨赴死，亦有黄宗羲率其門人，讀書窮經，關注世用，成其梨洲一派。至清中葉，會稽章學誠等人紹承梨洲之學而開浙東史學之新局。晚清至現代，越中知識分子心懷天下，秉持先賢「膽劍精神」，再次站在歷史變革的潮頭，蔡元培、魯迅等人「開拓越學」，使紹興成爲新文化運動和新民主主義革命的重要陣地。越文化兼容並包，與時偕變，勇於創新，隨着中國社會歷史的變遷，無論其内涵和特質發生何種變化，均以其獨特、强盛的生命力，推動了中華文明的發展。

文獻典籍承載着廣博厚重的精神財富、生生不息的歷史文脉。紹興典籍之富，甲於東南，號爲文獻之邦。從兩漢到魏晋再至近現代，紹興人留下了浩如煙海、綿延不斷的文獻典籍。陳橋驛先生在《紹興地方文獻考録·前言》中説：「紹興是我國歷史上地方文獻最豐富的地方之一。」有我國地方志的開山之作《越絶書》，有唯物主義的哲學巨著《論衡》，有書法藝術和文學價值均登峰造極的《蘭亭集序》，有詩爲「中興之冠」的陸游《劍南詩稿》，有輯録陽明心學精義的儒學著作《傳習録》等，這些文獻，不僅對紹興一地具有重要價值，對浙江乃至全國來説，也有深遠意義。

紹興藏書文化源遠流長。歷史上的藏書家多達百位，知名藏書樓不下三十座，其中以澹生堂最爲著名，藏書十萬餘卷。近現代，紹興又首開國内公共圖書館之先河。光緒二十六年（一九〇〇），紹興鄉紳徐樹蘭獨力捐銀三萬餘兩，圖書七萬餘卷，創辦國内首個公共圖書館——古越藏書樓。越中多名士，自也與藏書聚書風氣有關。

習近平總書記强調，「我們要加强考古工作和歷史研究，讓收藏在博物館裏的文物、陳列在廣闊大地上的遺産、書寫在古籍裏的文字都活起來，豐富全社會歷史文化滋養」。黨的十八大以來，黨中央站在實現中華民族偉大復興的高度，對傳承和弘揚中華優秀傳統文化作出一系列重大決策部署。中共中央辦公廳、國務院辦公廳二〇一七年一月印發了《關於實施中華優秀傳統文化傳承發展工程的意見》，二〇二二年四月又印發了《關於推進新時代古籍工作的意見》。

盛世修典，是中華民族的優秀傳統，是國家昌盛的重要象徵。近年來，紹興地方文獻典籍的利用呈現出多層次、多方位探索的局面，從文史界到全社會都在醞釀進一步保護、整理、開發、利用紹興歷史文獻的措施，形成了廣泛共識。中共紹興市委、市政府深入學習貫徹習近平總書記重要指示精神，積極響應國家重大戰略部署，以提振紹興人文氣運的文化自覺和存續一方文脉的歷史擔當，作出了編纂出版《紹興大典》的重大決定，計劃用十年時間，系統、全面、客觀梳理紹興文化傳承脉絡，收集、整理、編纂、出版紹興地方歷史文獻。二〇二二年十月，中共紹興市委辦公室、紹興市人民政府辦公室印發《關於〈紹興大典〉編纂出版工作實施方案的通知》。自此，《紹興大典》編纂出版各項工作開始有序推進。

百餘年前，魯迅先生提出「開拓越學，俾其曼衍，至於無疆」的願景，今天，我們繼先賢之志，實施紹興歷史上前無古人的文化工程，希冀通過《紹興大典》的編纂出版，從浩瀚的紹興典籍中尋找歷史印記，從豐富的紹興文化中挖掘鮮活資源，從悠遠的紹興歷史中把握發展脉絡，古爲今用，繼往開來，爲新時代「文化紹興」建設注入强大動力。我們將懷敬畏之心，以古人「三不朽」的立德修身要求，爲紹興這座中國歷史文化名城和「東亞文化之都」立傳畫像，爲全世界紹興人築就恒久的精神家園。

是爲序。

温暖

二〇二三年十月

前　言

越國故地，是中華文明的重要起源地，中華優秀傳統文化的重要貢獻地，中華文獻典籍的重要誕生地。紹興，是越國古都，國務院公布的第一批歷史文化名城。編纂出版《紹興大典》，是綿延中華文獻之大計，弘揚中華文化之良策，傳承中華文明之壯舉。

一

紹興有源遠流長的文明，是中華文明的縮影。

中國有百萬年的人類史，一萬年的文化史，五千多年的文明史。中華文明，是中華民族長期實踐的積累，集體智慧的結晶，不斷發展的產物。各個民族，各個地方，都爲中華文明作出了自己獨具特色的貢獻。紹興人同樣爲中華文明的起源與發展，作出了自己傑出的貢獻。

現代考古發掘表明，早在約十六萬年前，於越先民便已經在今天的紹興大地上繁衍生息。二〇一七年初，在嵊州崇仁安江村蘭山廟附近，出土了於越先民約十六萬年前使用過的打製石器[一]。這是曹娥江流域首次發現的舊石器遺存，爲探究這一地區中更新世晚期至晚更新世早期的人類活動、

[一] 陸瑩等撰《浙江蘭山廟舊石器遺址網紋紅土釋光測年》，《地理學報》英文版，二〇二〇年第九期，第一四三六至一四五〇頁。

華南地區與現代人起源的關係、小黃山遺址的源頭等提供了重要綫索。

距今約一萬至八千年的嵊州小黃山遺址〔一〕，於二〇〇六年與上山遺址一起，被命名爲上山文化。該遺址中的四個重大發現，引人矚目：一是水稻實物的穀粒印痕遺存，以及儲藏坑、鐮形器、石磨棒、石磨盤等稻米儲存空間與收割、加工工具的遺存；二是種類與器型衆多的夾砂、夾炭、夾灰紅衣陶與黑陶等遺存；三是我國迄今發現的最早的立柱建築遺存，以及石杵立柱遺存；四是我國新石器時代遺址中迄今發現的最早的石雕人首。

蕭山跨湖橋遺址出土的山茶種實，表明於越先民在八千多年前已開始對茶樹及茶的利用與探索〔二〕。距今約六千年前的餘姚田螺山遺址發現的山茶屬茶樹根遺存，有規則地分布在聚落房屋附近，特别是其中出土了一把與現今茶壺頗爲相似的陶壺，表明那時的於越先民已經在有意識地種茶用茶了〔三〕。

對美好生活的嚮往無止境，創新便無止境。於越先民在一萬年前燒製出世界上最早的彩陶的基礎上〔四〕，經過數千年的探索實踐，終於在夏商之際，燒製出了人類歷史上最早的原始瓷〔五〕；繼而又在東漢時，燒製出了人類歷史上最早的成熟瓷。現代考古發掘表明，漢時越地的窑址，僅曹娥江兩岸的上虞，就多達六十一處〔六〕。

中國是目前發現早期稻作遺址最多的國家，是世界上最早發現和利用茶樹的國家，更是瓷器的故

〔一〕浙江省文物考古研究所編《上山文化：發現與記述》，文物出版社二〇一六年版，第七一頁。
〔二〕浙江省文物考古研究所、蕭山博物館編《跨湖橋》，文物出版社二〇〇四年版，彩版四五。
〔三〕北京大學中國考古學研究中心、浙江省文物考古研究所編《田螺山遺址自然遺存綜合研究》，文物出版社二〇一一年版，第一一七頁。
〔四〕孫瀚龍、趙曄著《浙江史前陶器》，浙江人民出版社二〇二二年版，第三頁。
〔五〕鄭建華、謝西營、張馨月著《浙江古代青瓷》，浙江人民出版社二〇二二年版，上册，第四頁。
〔六〕宋建明主編《早期越窑——上虞歷史文化的豐碑》，中國書店二〇一四年版，第二四頁。

鄉。《（嘉泰）會稽志》卷十七記載「會稽之産稻之美者，凡五十六種」，稻作文明的進步又直接促成了紹興釀酒業的發展。同卷又單列「日鑄茶」一條，釋曰「日鑄嶺在會稽縣東南五十五里，嶺下有僧寺名資壽，其陽坡名油車，朝暮常有日，産茶絶奇，故謂之日鑄」。可見紹興歷史上物質文明之發達，真可謂「天下無儔」。

二

紹興有博大精深的文化，是中華文化的縮影。

文化是一條源遠流長的河，流過昨天，流到今天，還要流向明天。悠悠萬事若曇花一現，唯有文化與日月同輝。

大量的歷史文獻與遺址古迹表明，四千多年前，大禹與紹興結下了不解之緣。大禹治平天下之水，漸九川，定九州，至於諸夏乂安，《史記·夏本紀》載：「禹會諸侯江南，計功而崩，因葬焉，命曰會稽。會稽者，會計也。」裴駰注引《皇覽》曰：「禹冢在山陰縣會稽山上。會稽山本名苗山，在縣南，去縣七里。」《（嘉泰）會稽志》卷六「大禹陵」：「禹巡守江南，上苗山，會稽諸侯，死而葬焉。……劉向書云：禹葬會稽，不改其列，謂不改林木百物之列也。苗山自禹葬後，更名會稽。是山之東，有隴隱若劍脊，西嚮而下，下有窆石，或云此正葬處。」另外，大禹在以會稽山爲中心的越地，還有一系列重大事迹的記載，包括娶妻塗山、得書宛委、畢功了溪、誅殺防風、禪祭會稽、築治邑室等。

以至越王句踐，「其先禹之苗裔，而夏后帝少康之庶子也，封於會稽，以奉守禹之祀」（《史記·越王句踐世家》）。句踐的功績，集中體現在他一系列的改革舉措以及由此而致的强國大業上。

他創造了「法天象地」這一中國古代都城選址與布局的成功範例，奠定了近一個半世紀越國號稱天下强國的基礎，造就了紹興發展史上的第一個高峰，更實現了東周以來中國東部沿海地區暨長江下游地區的首次一體化，讓人們在數百年的分裂戰亂當中，依稀看到了一統天下的希望，爲後來秦始皇統一中國，建立真正大一統的中央政權，進行了區域性的準備。因此，司馬遷稱：「苗裔句踐，苦身焦思，終滅强吴，北觀兵中國，以尊周室，號稱霸王。句踐可不謂賢哉！蓋有禹之遺烈焉。」

千百年來，紹興涌現出了諸多譽滿海内、雄稱天下的思想家，他們的著述世不絶傳、遺澤至今，他們的思想卓犖英發、光彩奪目。哲學領域，聚諸子之精髓，啓後世之思想。政治領域，以家國之情懷，革社會之弊病。經濟領域，重生民之生業，謀民生之大計。教育領域，育天下之英才，啓時代之新風。史學領域，創史志之新例，傳千年之文脉。

紹興是中國古典詩歌藝術的寶庫。四言詩《候人歌》被稱爲「南音之始」。於越《彈歌》是我國文學史上僅存的二言詩。《越人歌》是越地的第一首情歌、中國的第一首譯詩。山水詩的鼻祖，是上虞人謝靈運。唐代，這裏涌現出了賀知章等三十多位著名詩人。宋元時，這裏出了别開詩歌藝術天地的陸游、王冕、楊維楨。

紹興是中國傳統書法藝術的故鄉。鳥蟲書與《會稽刻石》中的小篆，影響深遠。中國的文字成爲藝術品之習尚，文字由書寫轉向書法，是從越人的鳥蟲書開始的。而自王羲之《蘭亭序》之後，紹興更是成爲中國書法藝術的聖地。翰墨碑刻，代有名家精品。

紹興是中國古代繪畫藝術的重鎮。世界上最早彩陶的燒製，展現了越人的審美情趣。「文身斷髮」與「鳥蟲書」，實現了藝術與生活最原始的結合。戴逵與戴顒父子、僧仲仁、王冕、徐渭、陳洪綬、趙之謙、任熊、任伯年等在中國繪畫史上有開宗立派的地位。

一九一二年一月，魯迅爲紹興《越鐸日報》創刊號所作發刊詞中寫道：「於越故稱無敵於天下，海岳精液，善生俊異，後先絡繹，展其殊才；其民復存大禹卓苦勤勞之風，同句踐堅確慷慨之志，力作治生，綽然足以自理。」可見，紹興自古便是中華文化的重要發源地與傳承地，紹興人更是世代流淌着「卓苦勤勞」「堅確慷慨」的精神血脉。

三

紹興有琳琅滿目的文獻，是中華文獻的縮影。

自有文字以來，文獻典籍便成了人類文明與人類文化的基本載體。紹興地方文獻同樣爲中華文明與中華文化的傳承發展，作出了傑出的貢獻。

中華文明之所以成爲世界上唯一没有中斷、綿延至今、益發輝煌的文明，在於因文字的綿延不絶而致的文獻的源遠流長、浩如煙海。中華文化之所以成爲中華民族有别於世界上其他任何民族的顯著特徵並流傳到今天，靠的是中華兒女一代又一代的言傳身教、口口相傳，更靠的是文獻典籍一代又一代的忠實書寫、守望相傳。

無數的甲骨、簡牘、古籍、拓片等中華文獻，無不昭示着中華文明的光輝燦爛、欣欣向榮，無不昭示着中華文化的廣博淵綜、蒸蒸日上。它們既是中華文明與中華文化的基本載體，又是中華文明與中華文化的重要組成部分，是十分重要的物質文化遺産。

紹興地方文獻作爲中華文獻重要的組成部分，積澱極其豐厚，特色十分明顯。

（一）文獻體系完備

紹興的文獻典籍根基深厚，載體體系完備，大體經歷了四個階段的歷史演變。

一是以刻符、紋樣、器型爲主的史前時代。代表性的，有作爲上山文化的小黄山遺址中出土的彩陶上的刻符、印紋、圖案等。

二是以金石文字爲主的銘刻時代。代表性的，有越國時期玉器與青銅劍上的鳥蟲書等銘文、秦《會稽刻石》、漢「大吉」摩崖、漢魏六朝時的會稽磚甓銘文與會稽青銅鏡銘文等。

三是以雕版印刷爲主的版刻時代。代表性的，有中唐時期越州刊刻的元稹、白居易的詩集。唐長慶四年（八二四），浙東觀察使兼越州刺史元稹，在爲時任杭州刺史的好友白居易《白氏長慶集》所作的序言中寫道：「揚、越間多作書模勒樂天及予雜詩，賣於市肆之中也。」這是有關中國刊印書籍的最早記載之一，説明越地開創了「模勒」這一雕版印刷的風氣之先。宋時，兩浙路茶鹽司等機關和紹興府、紹興府學等，競相刻書，版刻業快速繁榮，紹興成爲兩浙乃至全國的重要刻書地，所刻之書多稱「越本」「越州本」。明代，紹興刊刻呈現出了官書刻印多、鄉賢先哲著作和地方文獻多、私家刻印特色叢書多的特點。清代至民國，紹興整理、刊刻古籍叢書成風，趙之謙、平步青、徐友蘭、章壽康、羅振玉等，均有大量輯刊，蔡元培早年應聘於徐家校書達四年之久。

四是以機器印刷爲主的近代出版時期。這一時期呈現出傳統技術與西方新技術並存、傳統出版物與維新圖强讀物並存的特點。代表性的出版機構，在紹興的有徐友蘭於一八六二年創辦的墨潤堂等。另外，吴隱於一九〇四年參與創辦了西泠印社；紹興人沈知方於一九一二年參與創辦了中華書局，還於一九一七年創辦了世界書局。代表性的期刊，有羅振玉於一八九七年在上海創辦的《農學報》，杜亞泉於一九〇一年在上海發起、王國維主筆的《教育世界》，杜亞泉等於一九〇二年在上海編輯的《中外算報》，秋瑾於一九〇七年在上海創辦的《中國女報》等。代表性的報紙，有蔡元培於一九〇三年在上海創辦的《俄事警聞》等。

紹興文獻典籍的這四個演進階段，既相互承接，又各具特色，充分彰顯了走在歷史前列、引領時代潮流的特徵，總體上呈現出了載體越來越多元、內涵越來越豐富、傳播越來越廣泛、對社會生活的影響越來越深遠的歷史趨勢。

（二）藏書聲聞華夏

紹興歷史上刻書多，便爲藏書提供了前提條件，因而藏書也多。大禹曾「登宛委山，發金簡之書，案金簡玉字，得通水之理」（《吴越春秋》卷六），還「巡狩大越，見耆老，納詩書」（《越絶書》卷八），這是紹興有關采集收藏圖書的最早記載。句踐曾修築「石室」藏書，「晝書不倦，晦誦竟旦」（《越絶書》卷十二）。

造紙術與印刷術的發明和推廣，使得書籍可以成批刷印，爲藏書提供了極大便利。王充得益於藏書資料，寫出了不朽的《論衡》。南朝梁時，山陰人孔休源「聚書盈七千卷，手自校治」（《梁書·孔休源傳》），成爲紹興歷史上第一位有明文記載的藏書家。唐代時，越州出現了集刻書、藏書、讀書於一體的書院。五代十國時，南唐會稽人徐鍇精於校勘，雅好藏書，「江南藏書之盛，爲天下冠，鍇力居多」（《南唐書·徐鍇傳》）。

宋代雕版印刷術日趨成熟，爲書籍的化身千百與大規模印製創造了有利條件，也爲藏書提供了更多來源。特別是宋室南渡、越州升爲紹興府後，更是出現了以陸氏、石氏、李氏、諸葛氏等爲代表的藏書世家。陸游曾作《書巢記》，稱「吾室之内，或棲於櫝，或陳於前，或枕藉於床，俯仰四顧，無非書者」。《（嘉泰）會稽志》中專設《藏書》一目，説明了當時藏書之風的盛行。元時，楊維楨「積書數萬卷」（《鐵笛道人自傳》）。

明代藏書業大發展，出現了鈕石溪的世學樓等著名藏書樓。其中影響最大的藏書家族，當數山陰祁氏；影響最大的藏書樓，當數祁承㸁創辦的澹生堂，至其子彪佳時，藏書達三萬多卷。

清代是紹興藏書業的鼎盛時期，有史可稽者凡二十六家，諸如章學誠、李慈銘、陶濬宣等。上虞王望霖建天香樓，藏書萬餘卷，尤以藏書家之墨迹與鈎摹鐫石聞名。徐樹蘭創辦的古越藏書樓，以存古開新爲宗旨，以資人觀覽爲初心，成爲中國近代第一家公共圖書館。

民國時，代表性的紹興藏書家與藏書樓有：羅振玉的大雲書庫、徐維則的初學草堂、蔡元培創辦的養新書藏、王子餘開設的萬卷書樓、魯迅先生讀過書的三味書屋等。

根據二〇一六年完成的古籍普查結果，紹興全市十家公藏單位，共藏有一九一二年以前産生的中國傳統裝幀書籍與民國時期的傳統裝幀書籍三萬九千七百七十七種、二十二萬六千一百二十五册，分别占了浙江省三十三萬七千四百零五種的百分之十一點七九、二百五十萬六千六百三十三册的百分之九點零二。這些館藏的文獻典籍，有不少屬於名人名著，其中包括在别處難得見到的珍稀文獻。這是紹興這個地靈人傑的文獻名邦確實不同凡響的重要見證。

一部紹興的藏書史，其實也是一部紹興人的讀書、用書、著書史。歷史上的紹興，刻書、藏書、讀書、用書、著書，良性循環，互相促進，成爲中國文化史上一道亮麗的風景。

（三）著述豐富多彩

紹興自古以來，論道立説、卓然成家者代見輩出，創意立言、名動天下者繼踵接武，歷朝皆有傳世之作，各代俱見槃槃之著。這些文獻，不僅對紹興一地有重要價值，而且也是浙江文化乃至中國古代文化的重要組成部分。

一是著述之風，遍及各界。越人的創作著述，文學之士自不待言，爲政、從軍、業賈者亦多喜筆耕，屢有不刊之著。甚至於鄉野市井之口頭創作、謠歌俚曲，亦代代敷演，蔚爲大觀，其中更是多有内蘊厚重、哲理深刻、色彩斑斕之精品，遠非下里巴人，足稱陽春白雪。

二是著述整理，尤爲重視。越人的著述，包括對越中文獻乃至我國古代文獻的整理。宋孔延之的《會稽掇英總集》，清杜春生的《越中金石記》，近代魯迅的《會稽郡故書雜集》等，都是收輯整理地方文獻的重要成果。陳橋驛所著《紹興地方文獻考録》，是另一種形式的著述整理，其中考録一九四九年前紹興地方文獻一千二百餘種。清代康熙年間，紹興府山陰縣吴楚材、吴調侯叔侄選編的《古文觀止》，自問世以來，一直是古文啓蒙的必備書，也深受古文愛好者的推崇。

三是著述領域，相涉廣泛。越人的著述，涉及諸多領域。其中古代以經、史與諸子百家研核之作爲多，且基本上涵蓋了經、史、子、集的各個分類，近現代以文藝創作爲多，當代則以科學研究論著爲多。這也體現了越中賢傑經世致用、與時俱進的家國情懷。

四

盛世修典，承古啓新，以「紹興」之名，行紹興之實。

紹興這個名字，源自宋高宗的升越州爲府，並冠以年號，時在紹興元年（一一三一）的十月廿六日。這是對這座城市傳統的畫龍點睛。紹興這兩個字合在一起，蘊含的正是承繼前業而壯大之、開創未來而昌興之的意思。數往而知來，今天的紹興人正賦予這座城市、這個名字以新的意蘊，那就是繼承中華優秀傳統文化，建設中華民族現代文明，爲實現中華民族偉大復興，作出自己新的更大的貢獻。

編纂出版《紹興大典》，正是紹興地方黨委、政府文化自信、文化自覺的體現，是集思廣益、精心實施的德政，是承前啓後、繼往開來的偉業。

（一）科學的決策

《紹興大典》的編纂出版，堪稱黨委、政府科學決策的典範。二〇二〇年十二月十一日，中共紹興市委八屆九次全體（擴大）會議審議通過了關於紹興市「十四五」規劃和二〇三五年遠景目標的建議，其中首次提出要啓動《紹興大典》的編纂出版工作。

二〇二一年二月五日，紹興市第八屆人民代表大會第六次會議批准了市政府根據市委建議編製的紹興市「十四五」規劃和二〇三五年遠景目標綱要，其中又專門寫到要啓動《紹興大典》的編纂出版工作。二月八日，紹興市人民政府正式印發了這個重要文件。

二〇二二年二月二十八日的中共紹興市第九次代表大會市委工作報告與三月三十日的紹興市九屆人大一次會議政府工作報告，均對編纂出版《紹興大典》提出了要求。

二〇二二年九月十五日，紹興市人民政府第十一次常務會議專題聽取了《〈紹興大典〉編纂出版工作實施方案》起草情況的匯報，決定根據討論意見對實施意見進行修改完善後，提交市委常委會議審議。九月十六日，中共紹興市委九屆二十次常委會議專題聽取《〈紹興大典〉編纂出版工作實施方案》起草情況的匯報，並進行了討論，決定批准這個方案。十月十日，中共紹興市委辦公室、紹興市人民政府辦公室正式印發了《〈紹興大典〉編纂出版工作實施方案》。

（二）嚴謹的體例

在中共紹興市委、紹興市人民政府研究批准的實施方案中，《紹興大典》編纂出版的各項相關事宜，均得以明確。

一是主要目標。系統、全面、客觀梳理紹興文化傳承脉絡，收集、整理、編纂、研究、出版紹興地方文獻，使《紹興大典》成爲全國鄉邦文獻整理編纂出版的典範和紹興文化史上的豐碑，爲努力打造「文獻保護名邦」「文史研究重鎮」「文化轉化高地」三張紹興文化的金名片作出貢獻。

二是收録範圍。《紹興大典》收録的時間範圍爲：起自先秦時期，迄至一九四九年九月三十日，部分文獻酌情下延。地域範圍爲：今紹興市所轄之區、縣（市），兼及歷史上紹興府所轄之蕭山、餘姚。內容範圍爲：紹興人的著述，域外人士有關紹興的著述，歷史上紹興刻印的古籍善本和紹興收藏的珍稀古籍善本。

三是編纂方法。對所録文獻典籍，按經、史、子、集和叢五部分類方法編纂出版。

根據實施方案明確的時間安排與階段劃分，在具體編纂工作中，采用先易後難、先急後緩，邊編纂出版、邊深入摸底的方法。即先編纂出版情況明瞭、現實急需的典籍，與此同時，對面上的典籍情況進行深入的摸底調查。這樣的方法，既可以用最快的速度出書，以滿足保護之需、利用之需，又可以爲一些難題的破解争取時間；既可以充分發揮我國實力最强的專業古籍出版社中華書局的編輯出版優勢，又可以充分借助與紹興相關的典籍一半以上收藏於我國古代典籍收藏最爲宏富的國家圖書館的優勢。這是最大限度地避免時間與經費上的重複浪費的方法，也是地方文獻編纂出版工作方法上的創新。

另外，還將適時延伸出版《紹興大典·要籍點校叢刊》《紹興大典·文獻研究叢書》《紹興大典·善本影真叢覽》等。

（三）非凡的意義

正如紹興的文獻典籍在中華文獻典籍史上具有重要的影響那樣，編纂出版《紹興大典》的意義，同樣也是非同尋常的。

一是編纂出版《紹興大典》，對於文獻典籍的更好保護——活下來，具有非同尋常的意義。歷史上的文獻典籍，是中華文明歷經滄桑留下的最寶貴的東西。然而，這些瑰寶或因天災人禍，或因自然老化，或因使用過度，或因其他緣故，有不少已經處於岌岌可危甚至奄奄一息的境況。

編纂出版《紹興大典》，可以爲系統修復、深度整理這些珍貴的古籍爭取時間；可以最大限度呈現底本的原貌，緩解藏用的矛盾，更好地方便閲讀與研究。這是文獻典籍眼下的當務之急，最好的續命之舉。

二是編纂出版《紹興大典》，對於文獻典籍的更好利用——活起來，具有非同尋常的意義。歷史上的文獻典籍，流傳到今天，實屬不易，殊爲難得。它們雖然大多保存完好，其中不少還是善本，但分散藏於公私，積久塵封，世人難見；也有的已成孤本，或至今未曾刊印，僅有稿本、抄本，秘不示人，無法查閲。

編纂出版《紹興大典》，將穿越千年的文獻、深庋密鎖的秘藏、散落全球的珍寶匯聚起來，化身萬千，走向社會，走近讀者，走進生活，既可防它們失傳之虞，又可使它們嘉惠學林，也可使它們古爲今用，文旅融合，還可使它們延年益壽，推陳出新。這是於文獻典籍利用一本萬利、一舉多得的好事。

三是編纂出版《紹興大典》，對於文獻典籍的更好傳承——活下去，具有非同尋常的意義。歷史上的文獻典籍，能保存至今，是先賢們不惜代價，有的是不惜用生命爲代價換來的。對這些傳承至今的古籍本身，我們應當倍加珍惜。

編纂出版《紹興大典》，正是爲了述録先人的開拓，啓迪來者的奮鬥，使這些珍貴古籍世代相傳，使蘊藏在這些珍貴古籍身上的中華優秀傳統文化世代相傳。這是中華文化創造性轉化、創新性發展的通途所在。

編纂出版《紹興大典》，是紹興文化發展史上的曠古偉業。編成後的《紹興大典》，將成爲全國範圍内的同類城市中，第一部收録最爲系統、内容最爲豐贍、品質最爲上乘的地方文獻集成。

紹興這個地方，古往今來，都在不懈超越。超乎尋常，追求卓越。超越自我，超越歷史。《紹興大典》的編纂出版，無疑會是紹興文化發展史上的又一次超越。

道阻且長，行則將至；行而不輟，成功可期。「後之視今，亦猶今之視昔」；「後之覽者，亦將有感於斯文」（《蘭亭集序》）。讓我們一起努力吧！

馮建榮

二〇二三年六月十日，星期六，成稿於寓所

二〇二三年中秋、國慶假期，校改於寓所

編纂説明

紹興古稱會稽，歷史悠久。

大禹治水，畢功了溪，計功今紹興城南之茅山（苗山），崩後葬此，此山始稱會稽，此地因名會稽，距今四千多年。

大禹第六代孫夏后少康封庶子無餘於會稽，以奉禹祀，號曰「於越」，此爲吾越得國之始。《竹書紀年》載，成王二十四年，於越來賓。是亦此地史載之始。

距今兩千五百多年，越王句踐遷都築城於會稽山之北（今紹興老城區），是爲紹興建城之始，於今城不移址，海内罕有。

秦始皇滅六國，御海内，立郡縣，成定制。是地屬會稽郡，郡治爲吴縣，所轄大率吴越故地。東漢順帝永建四年（一二九），析浙江之北諸縣置吴郡，是爲吴越分治之始。會稽名仍其舊，郡治遷山陰。由隋至唐，會稽改稱越州，時有反復，至中唐後，「越州」遂爲定稱而至於宋。所轄時有增減，至五代後梁開平二年（九〇八），吴越析剡東十三鄉置新昌縣，自此，越州長期穩定轄領會稽、山陰、蕭山、諸暨、餘姚、上虞、嵊縣、新昌八邑。

建炎四年（一一三〇），宋高宗趙構駐蹕越州，取「紹奕世之宏庥，興百年之丕緒」之意，下詔從建炎五年正月改元紹興。紹興元年（一一三一）十月己丑升越州爲紹興府，斯地乃名紹興，沿用至今。

歷史的悠久，造就了紹興文化的發達。數千年來文化的發展、沉澱，又給紹興留下了燦爛的文化載體——鄉邦文獻。保存至今的紹興歷史文獻，有方志著作、家族史料、雜史輿圖、文人筆記、先賢文集、醫卜星相、碑刻墓誌、摩崖遺存、地名方言、檔案文書等不下三千種，可以説，凡有所録，應有盡有。這些文獻從不同角度記載了紹興的山川地理、風土人情、經濟發展、人物傳記、著述藝文等各個方面，成爲人們瞭解歷史、傳承文明、教育後人、建設社會的重要參考資料，其中許多著作不僅對紹興本地有重要價值，也是江浙文化乃至中華古代文化的重要組成部分。

紹興歷代文人對地方文獻的探尋、收集、整理、刊印等都非常重視，並作出過不朽的貢獻，陳橋驛先生就是代表性人物。正是在他的大力呼籲下，時任紹興縣政府主要領導作出了編纂出版《紹興叢書》的決策，爲今日《紹興大典》的編纂出版積累了經驗，奠定了基礎。

時至今日，爲貫徹落實習近平總書記系列重要講話精神，奮力打造新時代文化文明高地，重輝「文獻名邦」，中共紹興市委、市政府毅然作出編纂出版《紹興大典》的決策部署。延請全國著名學者樓宇烈、袁行霈、安平秋、葛劍雄、吴格、李岩、熊遠明、張志清諸先生參酌把關，與收藏紹興典籍最豐富的國家圖書館等各大圖書館以及專業古籍出版社中華書局展開深度合作，成立專門班子，精心規劃組織，扎實付諸實施。《紹興大典》是地方文獻的集大成之作，出版形式以紙質書籍爲主，同步開發建設數據庫。其基本内容，包括以下三方面：

一、《紹興大典》影印精裝本文獻大全。這方面内容囊括一九四九年前的紹興歷史文獻，收録的原則是「全而優」，也就是文獻求全收録；同一文獻比對版本優劣，收優斥劣。同時特别注重珍稀性、孤罕性、史料性。

《紹興大典》影印精裝本收録範圍：

時間範圍：起自先秦時期，迄至一九四九年九月三十日，部分文獻可酌情下延。

地域範圍：今紹興市所轄之區、縣（市），兼及歷史上紹興府所轄之蕭山、餘姚。

内容範圍：紹興人（本籍與寄籍紹興的人士、寄籍外地的紹籍人士）撰寫的著作，非紹興籍人士撰寫的與紹興相關的著作，歷史上紹興刻印的古籍珍本和紹興收藏的古籍珍本。

《紹興大典》影印精裝本編纂體例，以經、史、子、集、叢五部分類的方法，對收録範圍内的文獻，進行開放式收録，分類編輯，影印出版。五部之下，不分子目。

經部：主要收録經學（含小學）原創著作；經校勘校訂，校注校釋，疏、證、箋、解、章句等的經學名著；爲紹籍經學家所著經學著作而撰的著作，等等。

史部：主要收録紹興地方歷史書籍，重點是府縣志、家史、雜史等三個方面的歷史著作。

子部：主要收録專業類書，比如農學類、書畫類、醫卜星相類、儒釋道宗教類、陰陽五行類、傳奇類、小説類，等等。

集部：主要收録詩賦文詞曲總集、别集、專集，詩律詞譜，詩話詞話，南北曲韻，文論文評，等等。

叢部：主要收録不入以上四部的歷史文獻遺珍、歷史文物和歷史遺址圖録彙總、戲劇曲藝脚本、報章雜志、音像資料等。不收傳統叢部之文叢、彙編之類。

《紹興大典》影印精裝本在收録、整理、編纂出版上述文獻的基礎上，同時進行書目提要的撰寫，並細編索引，以起到提要鉤沉、方便實用的作用。

二、《紹興大典》點校研究及珍本彙編。主要是《紹興大典》影印精裝本的延伸項目，形成三個成果，即《紹興大典·要籍點校叢刊》《紹興大典·文獻研究叢書》《紹興大典·善本影真叢覽》三叢。選取影印出版文獻中的要籍，組織專家分專題開展點校等工作，排印出版《紹興大典·要籍點校叢刊》；及時向社會公布推出出版文獻書目，開展《紹興大典》收録文獻研究，分階段出版研究成果《紹興大典·文獻研究叢書》；選取品相完好、特色明顯、内容有益的優秀文獻，原版原樣綫裝影印出版《紹興大典·善本影真叢覽》。

三、《紹興大典》文獻數據庫。以《紹興大典》影印精裝本和《紹興大典·要籍點校叢刊》《紹興大典·文獻研究叢書》《紹興大典·善本影真叢覽》三叢爲基幹構建。同時收録大典編纂過程中所涉其他相關資料，未用之版本，書佚目存之書目等，動態推進。

《紹興大典》編纂完成後，應該是一部體系完善、分類合理、全優兼顧、提要鮮明、檢索方便的大型文獻集成，必將成爲地方文獻編纂的新範例，同時助力紹興打造完成「歷史文獻保護名邦」「地方文史研究重鎮」「區域文化轉化高地」三張文化金名片。

《紹興大典》在中共紹興市委、市政府領導下組成編纂工作指導委員會，組織實施並保障大典工程的順利推進，同時組成由紹興市爲主導、國家圖書館和中華書局爲主要骨幹力量、各地專家學者和圖書館人員爲輔助力量的編纂委員會，負責具體的編纂工作。

《紹興大典》編纂委員會

二〇二三年五月

史部編纂説明

紹興自古重視歷史記載，在現存數千種紹興歷史文獻中，史部著作占有極爲重要的位置。因其内容豐富、體裁多樣、官民兼撰的特點，成爲《紹興大典》五大部類之一，而别類專纂，彙簡成編。

按《紹興大典·編纂説明》規定：「以經、史、子、集、叢五部分類的方法，對收録範圍内的文獻，進行開放式收録，分類編輯，影印出版。五部之下，不分子目。」「史部：主要收録紹興地方歷史書籍，重點是府縣志、家史、雜史等三個方面的歷史著作。」

紹興素爲方志之鄉，纂修方志的歷史較爲悠久。據陳橋驛《紹興地方文獻考録》（浙江人民出版社，一九八三年版）統計，僅紹興地區方志類文獻就「多達一百四十餘種，目前尚存近一半」。在最近三十多年中，紹興又發現了不少歷史文獻，堪稱卷帙浩繁。

據《紹興大典》編纂委員會多方調查掌握的信息，府縣之中，既有最早的府志——南宋二志《（嘉泰）會稽志》和《（寶慶）會稽續志》，也有最早的縣志——宋嘉定《剡録》；既有耳熟能詳的《（萬曆）紹興府志》，也有海内孤本《（嘉靖）山陰縣志》；更有寥若晨星的《永樂大典》本《紹興府志》，等等。存世的紹興府縣志，明代纂修並存世的萬曆爲最多，清代纂修並存世的康熙爲最多。

家史資料是地方志的重要補充，紹興地區家史資料豐富，《紹興家譜總目提要》共收録紹興相關家譜資料三千六百七十九條，涉及一百七十七個姓氏。據二〇〇六年《紹興叢書》編委會對上海圖書館藏紹興文獻的調查，上海圖書館館藏的紹興家史譜牒資料有三百多種，據紹興圖書館最近提供的信息，其館藏譜牒資料有二百五十多種，一千三百七十八册。紹興人文薈萃，歷來重視繼承弘揚耕讀傳統，家族中尤以登科進仕者爲榮，每見累世科甲、甲第連雲之家族，如諸暨花亭五桂堂黄氏、山陰狀元坊張氏，等等。家族中每有中式，必進祠堂，祭祖宗，禮神祇，乃至重纂家乘。因此纂修家譜之風頗盛，聯宗聯譜，聲氣相通，呼應相求，以期相將相扶，百世其昌，因此留下了浩如煙海、簡册連編的家史譜牒資料。家史資料入典，將遵循「姓氏求全，譜目求全，譜牒求優」的原則遴選。

雜史部分是紹興歷史文獻中内容最豐富、形式最多樣、撰者最衆多、價值極珍貴的部分。記載的内容無比豐富，撰寫的體裁多種多樣，留存的形式面目各異。其中私修地方史著作，以東漢袁康、吴平所輯的《越絶書》及稍後趙曄的《吴越春秋》最具代表性，是紹興現存最早較爲系統完整的史著。

雜史部分的歷史文獻，有非官修的專業志、地方小志，如《三江所志》《倉帝廟志》《螭陽志》等；有以韻文形式撰寫的如《山居賦》《會稽三賦》等；有碑刻史料如《會稽刻石》《龍瑞宫刻石》等；有詩文游記如《沃洲雜詠》等；有珍貴的檔案史料如《明浙江紹興府諸暨縣魚鱗册》等；有名人日記如《祁忠敏公日記》《越縵堂日記》等；有綜合性的歷史著作如海内外孤本《越中雜識》等；也有鉤沉稽古的如《虞志稽遺》等。既有《救荒全書》《欽定浙江賦役全書》這樣專業的經濟史料，也有《越中八景圖》這樣的圖繪史料等。舉凡經濟、人物、教育、方言風物、名人日記等，應有盡有，不勝枚舉。尤以地理爲著，諸如山川風物、名勝古迹、水利關津、衛所武備、天文医卜等，莫不悉備。

這些歷史文獻，有的是官刻，有的是坊刻，有的是家刻。有特別珍貴的稿本、鈔本、寫本，也有珍稀孤罕首次面世的史料。由於《紹興大典》的編纂出版，這些文獻得以呈現在世人面前，俾世人充分深入地瞭解紹興豐富多彩的歷史文化。受編纂者學識見聞以及客觀條件之限制，難免有疏漏錯訛之處，祈望方家教正。

《紹興大典》編纂委員會

二〇二三年五月

光緒上虞縣志 四十八卷，首末各一卷

〔清〕唐煦春修，〔清〕朱士黻等纂

清光緒十七年（一八九一）刻本

影印説明

《（光緒）上虞縣志》四十八卷，首末各一卷，清唐煦春修，清朱士黻等纂。清光緒十七年（一八九一）刻本。半葉九行行二十二字，小字雙行同，白口，單魚尾，左右雙邊，有圖。原書版框尺寸高18.3釐米，寬13.1釐米。書前有卞寶第、崧駿、潘衍桐、唐煦春等人所作序言，另有纂修職名及凡例。卷一上虞縣城圖、縣境全圖皆爲修志者聘用專業人員實地測繪所得，「以開方計里法行之」，反映了方志輿圖編繪的科學性。書後有《重修上虞縣志附録》，條列相關采訪人員、勸捐紳董姓氏及捐洋支用情況。

唐煦春，號師竹，江西德化人，同治三年（一八六四）優貢，光緒二年（一八七六）任上虞知事。朱士黻，原名裳，上虞人，光緒十二年（一八八六）進士，爲《（光緒）上虞縣志》總纂。此書書後有朱士黻所撰《重修上虞縣志後叙》，云：「德化唐侯來宰吾虞，前後凡十有四載，興廢舉墜，百事就理，復以舊志散佚，文獻無徵，引爲守土者之責。遂於光緒十六年，鋭意纂修，命士黻總其成。士黻自慙謭陋敢當斯任。……因薦山陰蔡君元培爲總纂。秋九月開局於經正書院，蔡君手條例言，先定一書大綱。屬藁甫就，議者蠭起，謂其文古異驚俗，别求明白易曉者。卒不果用其説，而蔡君亦適以有事去。」可知，此上虞縣志之修纂與蔡元培尚有一段故事，蔡氏亦有《做上虞縣志局總纂》一文，可以參證。

此次影印，以上海圖書館藏本爲底本。原書缺目録六葉，今據同版本補。另據《中國地方志聯合目録》，國家圖書館、天津圖書館、南京圖書館、浙江圖書館和天一閣等亦有收藏。

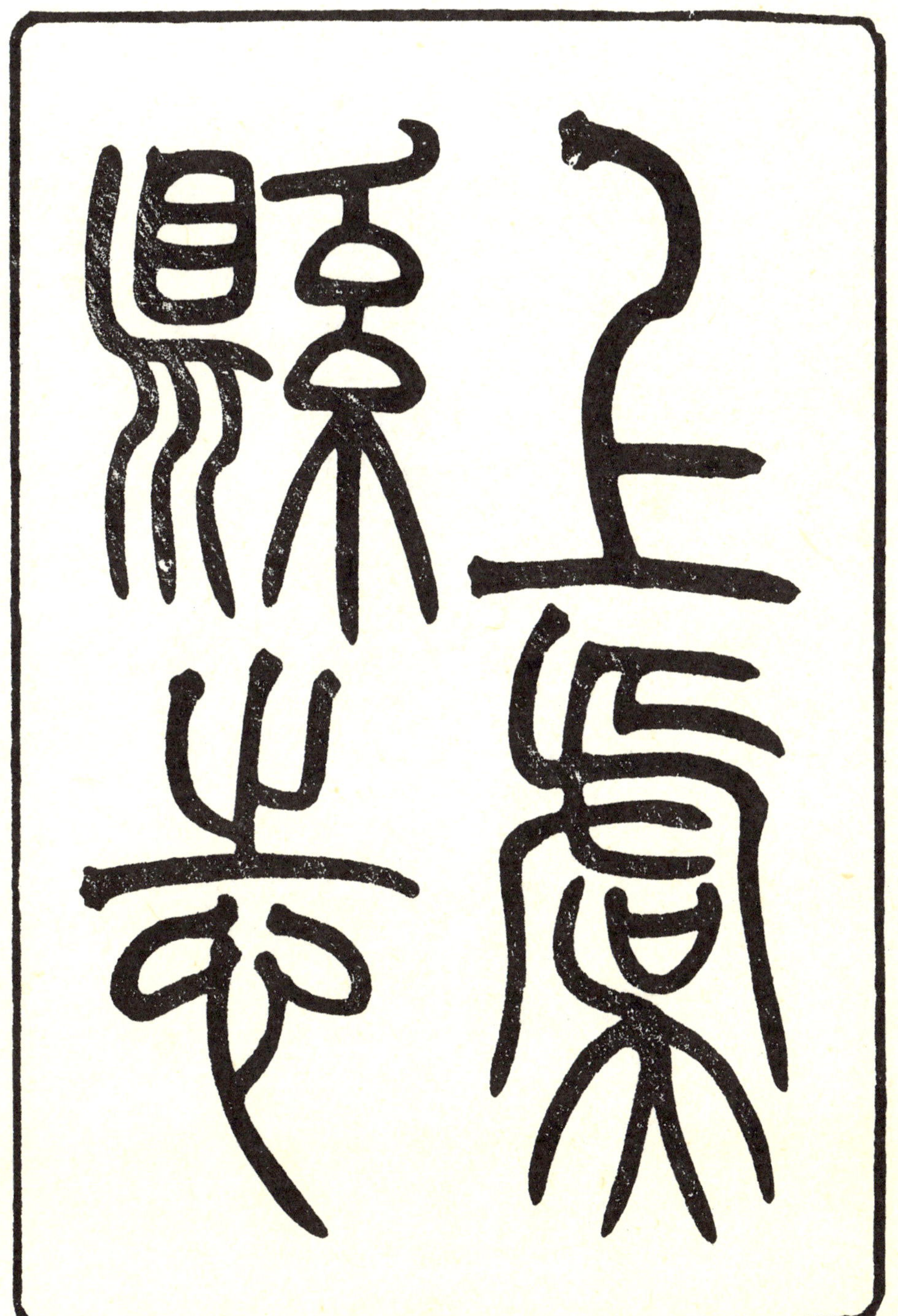
上虞
縣志

光緒庚寅九月開修迄年十二月成書

重脩上虞縣志序

余督閩浙之次年

朝廷增脩會典

詔天下郡國各以圖獻於是

內而圻輔外而各行省郡邑

上海圖書館藏

靡不測繪輿圖脩輯地志以備館臣之采擇而上虞令唐君亦以是時輯邑志而新之問序於余余惟上虞置縣自秦始自秦以来沿革掌故之

大者載於歷代正史其小者
具於邑志邑志自嘉慶中前
令崔君重脩當是時典章文
物粲然具備然猶再歷寒暑
而成書今距崔君時八十餘

年中更兵燹阮文達公原序所稱津梁宮室之興廢田賦版圖之囙革職官選舉人文物產之薈萃隨時增益先後不同者一旦剟拾於煨燼之

餘欲問當時之政蹟而遺老
盡矣由是言之成書之難視
前志奚翅倍之而唐君承
明詔之徵求懼方策之失墜
繪圖輯志躬任其難其抱殘

守缺之功豈但遠軼前志且
足仰裨
會典以成
聖清之盛治其有功於文獻
甚鉅余既嘉唐君之勤又慨

今昔情形之不同爰論成書之難易述其緣起而序之如此光緒十有七年正月總制閩浙使者儀徵卞寶第撰

上虞縣志序

上虞置縣自漢圖經所謂夏禹與諸侯會計因相虞樂於此故曰上虞寰宇記云上虞縣東有姚邱即舜葬之所又東谷林即舜生之地復有歷山舜耕于此其事之有無不可知要其地山川秀麗民俗龐厚猶

有古初遺風焉予曩以閩兵過越州望謝太傅之東山懷陶隱居之鈞川未嘗不低徊久之而益想舜禹之遺跡不置迫于公不及親履其地輒引以為憾近寘令唐君輯新志成請序于予〻惟志書之作務有用而已不徒藻繢山川侈陳人

物以爲登臨憑吊之助然而山川人
物實有足以感人之志者夫一色
之政六官皆具令無一不當知則志
亦無一不當載焉捧檄而來人希地
不相習不有志乘何從考索是故
撫幅員之廣狹思何以綏靖閭閻也
攷學校之盛衰思何以振興人材

也戶口耗思所以息之水利湮思所以濬之營建廢思所以瓌之帑夫一切政治之見于志者皆令之所宜盡心也夫是之謂稱職甚矣志之有裨于政也然而纂輯苟非其人去取寡當繁簡並譏且將以為口實雖有志猶未善也今君此書

應補者補之天章兵事是也應併者併之水利歸地理田賦歸食貨是也于所應訂者訂之舊志學校入建置中碑刻附詩文後今學校全石特設專門續圖計里開方人物不分門類皆于舊志爲善君以良吏而擅史才讀其書縣可以知其政矣

雖然見諸文者猶迹也吾聞漢晉令長若度尚傅晞須含卞延之諸人皆有功德于實至今稱道弗衰穎君誦法前賢與為俗吏之所為俾實民益熙〻皡〻而進于古稱其為舜禹之所嘶被之民是所望於賢者之為治也

光緒十六年庚寅冬撫浙使者長白崧駿序

重修上虞縣志敘

治民莫要於守令守綜大綱而已令於民視守尤親則尤要焉入其境田疇闢廬舍修整津梁無廢樹藝皆得其宜則令之賢可知已上虞為越郡屬邑土風敦學孺易治邑令唐君

煦春久於其任，百廢具舉。曩者按試越東諸郡，過虞，所見以余言及與君相接，言觀溫粹，若不欲以才自見，心知其為賢者也。間以重修縣志請余曰：志書者，政事之所從出也。君殆知所本矣。書成請序，予受而讀之條理秩然意在徵實而不逕行文亦簡要有法爰自云於嘉慶志正其譌補其闕於萬歷志則宗之而其旨壹歸於雅馴可謂能知所擇者然則君不獨優於政事且擅才學識之長而工於文體者也抑余聞之

君之初涖虞也民苦盜君以次擒治錄其魁置之重典遂壹以寬大爲政百姓熙熙皆樂君之簡易至於今且十年境内無盜賊以余所聞若此所見若彼益信乎君之賢已任編葺之役者蔡貢士元培爲予歲試所取優等士

邃於經兼通諸子百家文筆尤工蓋與君相助為理以濟於成者併及之

光緒十有七年三月浙江督學使者南海潘衍桐撰

上虞縣志序

縣志之設其於有司者誠有裨與夫有司者作至一邑其於邑初所未習風土之厚薄政治之偷易茫然無所辨賴有志焉而

疆域之臨錯山澤之概與忠孝節烈之遺耕桑水泉之利莫不洞悉其旨而徐察其民情風俗之盛衰呂較於志之所云其同異相去何若而因埶利導之夫

而后可為良有司也上虞之有
縣蓋始於秦而有志則始於元
明以至
國朝嘉慶間其燬失又八十餘
年其間賴邑人士沈茂才奎增

刪舊志成虞乘刊補而王孝廉
振紬之萃嘉道咸三朝之事爲
虞志備稿一書今上虞令唐君
煦春於莅任之季季政通時和
士庶咸悅治事之暇以志之有

裨於有司也缺軼既久毅然請修遂延蔡進士元培朱進士士黻總其事而以邑諸人士佐之載筆於九月之初期以一季告成而先以凡例問序於予予攷

寔之為邑其形勝雄踞江海群
山環拱實為古聖賢發祥之地
如握登山之祀舜母姚邱相傳
為帝舜所生處夏蓋山世傳夏
禹嘗駐蓋焉三代以来名臣循

吏孝子孝女世代踵接然則其
鍾毓之厚其爲俗熙熙皞皞曰
進於古先賴有良有司善倡其
際使歷久不敝苟非有攷鏡之
具又何以循流溯源燦如指畫

邪是書并舊志之水利食貨人
物而特立
天章學校武備金石經籍各門
皆於體例爲善又是時
天子方命疆吏測繪輿圖以訂

舊圖之謬失於是　大中丞長白崧公　奏設浙江輿圖局招通周髀九章之術者分赴各郡測量繪圖詹君亦以舊志各圖摹繪山水無當計里之法遠聘

埶士測算開方使舊存諸圖釐
然並正可謂勤矣夫天下之權
分寄之於令而令之賢否利弊
又見之於志為令者可不慎與
唐君之樂成是書固有志於為

良有司而裨於後之爲有司者
豈淺鮮哉是之爲序
光緒十有六秊九月十日浙江
句宣使者番禺許應鑅撰

重脩上虞縣志序

昔蔡平江存廣輿記欲使九州之大上下千百年之久瞭然如燭照而計數天下然一邑何獨不然歲庚寅余奉
天子命秉臬浙越明年上

虞唐大令以新輯志書郵牘問序夫上虞舜封支庶奄壤也姚邱歷山前聖之派風遺俗猶有存者三代而下散明文物益斐然可觀唐君宰是邦政平訟息百廢具脩薄書

之暇與其邦之縉紳先生搜輯掌故自山川疆域之大以及物產人文之盛其閒興廢沿革靡不詳稽博攷析縷分條凡厥體例踵前志而變通之脩煩飾簡增事損文後之

覽者因其文以參其義讀其書而知其說則夫上下千百年之久不已瞭然燭照而計數哉夏書禹貢詳田賦方物周禮職方紀山澤民數下逮班馬范歐諸書其於地理食

偫經籍遂舉必詳焉志之卽
謂志書與經史相表裡也可
余眈羨唐君之贊而相望於
虞民者厚猶穆然想見有嬀
氏之盛焉
光緒十七年辛卯仲春署理

淛江布政使司提刑使者合
肥龔照瑗譔

重修上虞縣志序

光緒十有七年冬余奉命調浙藩下車觀政上虞唐君煦春請序所新修縣志命吏檢卷則制軍卞公撫軍崧公學使者潘公前藩司許君署藩司龔君皆已有序余蒞斯後奚

取乎贅雖然余於是有慨焉余
固不能自已於言也浙省昔稱
繁富赭寇亂定垂三十年會垣
之人民廬舍猶未盡復其下府
廳州縣不更可想歟職司察吏
安民者當操何術使吏皆循良
民復富庶副

聖天子子惠元元之盛德今上虞縣志冬杪可成雖藁本未呈凡例有體其書必有可觀唐君能成是書其好立修名從政無苟大可想見吾願此十一府七十八廳縣皆如上虞之修志官督於上民勤於下其善政美俗

忠孝節烈之就湮者一旦發揚皆足信今而傳後更願官肅其政民善其業俾秉筆者志不滕志余不禁拭目俟之也浙江承宣布政使者滇南劉樹堂序

重脩上虞縣志敘

上虞爲越郡屬邑其間山川之靈淑物產之蕃滋與夫版圖之沿革風俗之變遷選舉節義之薈萃前後

各敘言之詳矣奚庸贅述惟伏念聖經胥云善人教民七年可以勝殘去殺殘殺原非宰治者之心也但欲勝之去之非與斯民休

養生息怡然秩然漸摩胥
素勢必不能吾宗師竹大
令以江右純儒爲浙東循
吏治曩已歷十載於地方
士庶誠不啻家人父子熙

皞成象巳方其蒞治之初正兵燹凋殘元氣未復之會萑苻塞耳烽火驚心公則悉力搜捕冐犯必懲惡憝駢誅脅從罔治行之數

非盜風頓息而又清查蕪產教之樹蓄脩治橋梁俾無廢圯力行保甲以戢奸邪調和土客以杜爭鬬偷以養廉勤以補拙民氣和

而頌聲作焉於斯時也間猶胥如十年前殘害良民殺不勝殺之風氣乎無有也公誠善人也哉公誠善人之教民也哉久道化成

卓然可驗乃慨然於邑乘之垂供而毅然爲重修之舉集士紳以謀醵貲延宿儒以分編校而躬親攷核提挈綱領仍就嘉慶年間

舊志訛者正之闕者補之大致一宗諸萬曆原本以示數典不忘之意甫閱半年寖然成帙信今傳後賫之邑人得所奉守焉而公

之盡心於實者差告無憾矣行將之山陰調任書來問敘於余余時方蒞省垣權臬事案牘緐冗勞形實甚雖曰四權斯任敢云就

熟駕輕惟孜孜不遑焉爾竊儀善教樂觀厥成爰拉襍而寧爲之序

光緒十有七年孟夏月中浣之一日二品頂戴按

察使銜署浙江按察使
金衢嚴道湘西唐樹森
譔并書

重修上虞縣志敘

昔千寶勒晉紀先立凡例然後成書而宋次道志長安舊有圖勒諸石秦人取以附錄於志元李惟中復

繪圖二十有二補其闕畧後
世為史志者咸取以為法
馬蓋志乃史之一體也歷
代之史時事不齊故體例
亦異作志者不善體例不

合時宜非良史也予嘗閱各郡縣志矣往往詳於紀載畧於圖經夫欲周知郡縣廣輪之數而晰其離合莫圖若矣周設職方漢

收圖籍豈不以此哉况今浙
省開輿圖局分遣測量之
士計里開方將繪成圖本
以獻於
朝備
會典館采輯焉設

曩日修志層意於茲則上
朝以徵即下夕以應豈不
事易集而費益省哉惜
乎見不及此也上虞之有
縣志剏於元至正間歷明

入
國朝康熙迄嘉慶修志者
七焉今又八十年矣縣令
德化唐君蒞事既久政
通人和因念此八十年中

津梁堤堰之興廢田廬芻牧禮俗文物之盛衰事增於前漸就湮沒而中更赭寇之亂舉凡脩武設防尤爲守土者所宜識其要害

爰聘邑人朱進士士黻相與討論薈萃錯綜其於前志體例之善者因之不善者更之復延善測量者開方繪圖以補前之未逮

更成新志凡若干卷而先其體例問序於予蓋得于氏宋氏之法而兼李氏之詳者也目爲良史當無愧已虞爲紹郡鉅邑然地非

孔道無徭役之煩其山川人
文清淑可喜而民俗愿樸
不樂外事無浙東囂健之
習君又善察其俗而利導
之而教養之記云地有餘

而民不足君子恥之殆君之
謂歟予既樂觀新志之成
而又嘉君之能爲政也因
並書之以諗轄境之凡司
民牧者

光緒十有六年嘉平月二
品頂戴護理浙江海關分
巡甯紹台海防兵備道儀
徵吳引孫譔

重修上虞縣志叙

邑之有志非僅稽古攷幅員辨名勝與夫鴻文巨制彰炳簡册豈足以供學士流連諷誦也凡參校人民物情風土一切政治見於志豈有志即足以資政治志

出爲用大矣哉然竊舉因革今昔有殊故有志而歷更及修輯嘗矣余幸已嘗來守越州者台志書多年遙代遠嘗異衰輯而新之或失于纖至未久或厄于經費不舉故嵊縣志再於同治十年重修頗

覺煥然始上虞縣志自嘉慶間纂訂後未修者迄今八十餘載矣近虞令唐君殫盡心力輯新志成請余爲之敘余邑志難修志何嘗不難蓋往者恒失之簡修者恒失之繁茲則應曾者曾之應并者

許之蔡蘭得寶秩然四庫殆如新唐史之
文藏於前事曾於旨者是書者代各
以邑能相繼生壓唐君冀章美于前與
光緒十又七年歲次辛卯孟春之月
賞戴花翎二品銜在任候選道莊龔

輕車都尉知紹興府事長白霍順武譔並書

上虞縣志敘

上虞縣秦置也昔封舜後於此故名隋省併入會稽唐貞元初復置舊建城江西岸晉中興時移江北元至正間方國珍改邑今所明以來因之吾遠祖明州刺史仕唐中葉家留官地至學士府君卒葬上虞遂著籍焉吾二十三世祖始遷錢唐吾高祖潼川府君猶以上虞諸生成乾隆戊辰進士後雖居葬錢唐而仍宗祖貫迨吾祖始寄籍大興然先人邱隴自二十二世祖以上皆在上虞故是邑爲祖籍焉舊志自咸同間邑被兵板燬今知縣唐令君師竹既到官慨舊聞放失重修之書成

泂敘於曜曜自童年流腐江表弱冠入中州遂以牧令治兵先固間倖獲軍勞由道員蒙

文宗顯皇帝超擢河南布政使旋改提督總兵官專軍旅之任比掃清宛洛乞假治墓錢唐方擬渡江溯展

先代祠墓會奉

詔敦促復出志不得遂後隨征西壘出臨絶域

召還京闕著階尚書巡撫廣西山東比來二十有餘年矣桑梓之恭松楸之望固無日不繫諸懷來顧道阻且修未得一訪先世釣游舊址悲慨何如也今令君政成蒐輯志乘其有造於吾邑甚大邑之人尚有服伯周

之隱德讀仲壬之論衡以發揚羅巖之清澍夏蓋之明潔以副我令君所期乎抑進而上之以達梨洲姚江聖賢之域大爲吾邑先耶請與父老子弟共勉之以復於令君是爲序

賞戴雙眼花翎

賞穿黄馬褂太子少保頭品頂戴兵部尚書幫辦海軍大臣巡撫山東等處地方兼提督鹽政一等輕車都尉兼一雲騎尉世職霍欽巴圖魯邑人張曜拜譔

敘

光緒二年余奉　大吏檄來治上虞徵志得嘉慶時崔君所修本見其紀事疏略分目繁碎又嘉慶至今多歷年所中更寇亂義士

烈女相望林立況復鄉賢
懿行梓里舊聞與夫鉅儒
著述大雅文章所宜闡揚
而網羅之者不可聽其湮
没至若農田水利之異宜
士習民風之殊尚尤留心

治道者所宜急講焉不揣檮昧即思與邑之賢士大夫釐訂而重修之會調署山陰劇任卒卒不遑暇邇來三至是邦已閱十餘稔矣凡政事所關若社倉若

書院若橋梁若道路若隄堰若城若河若江海塘既次第剏興庚寅夏又與邑諸紳建積善堂於縣治西偏惟是方志失修來者無徵是猶振裘而忘挈領非

知為治之體要也矧
天子下詔續修會典徵各
州縣輿圖以備館中采擇
而測量繪圖之法尤宜加
意用是聘邑中博雅君子
發崧城夏氏所藏書復得

正統殘志及萬歷徐志廣為搜羅參互攷訂閱一載告成凡書四十卷首

天章以示編年史法次圖以識縣境廣輪表列世次年代人物姓名列傳以著

名宦鄉賢列女流寓之行事七志以識古今大小之掌故雜志以羅稗官野史之瑣談其有碑銘詩賦記序疏書足資考證者別錄為文徵八卷末載舊敘詳

志事之源流昔者章實齋先生有言曰志者志也其事其文之外必有義焉史家著作之微指也是書雖未盡合章先生之指而蒐羅散失刊正謬誤使一邑

文獻有以信於今而傳於後亦攷鏡得失之資也是爲序

光緒十有七年歲在辛卯知上虞縣事德化唐煦春譔

上虞縣志纂修職名

主修

在任候補同知上虞縣知縣 唐煦春

預修

上虞縣教諭 王葆初

上虞縣訓導 童章

總纂

截取知縣丙戌科進士 朱士黻 鄉榜名裳

分纂

大挑教職國史館謄錄丙子科舉人　錢繼曾

乙酉科舉人　黃采風

己丑恩科舉人　王佐

覺羅官教習戊子科舉人　徐承宣

戊子科舉人　何紹聞

候選州判癸酉拔貢生　宋棠

候選教職戊子優貢生　王恩元

參纂兼總校

大挑教職丙子科舉人　陳彬華　會稽人

優　　廪　　生　　谷肇寅

總校

己丑恩科舉人　　徐智光

參校

廪　　生　　項昌駿原名詩

廪　　生　　胡舜封

廪　　生　　徐厚光

廪　　生　　丁夢松

廪　　生　　金谷蘭

生員　謝守常

生員　謝畊畬

收掌

丁卯科副貢　徐澍嘉

廩生　陳壽瑨

生員　錢維翰

測量

監生　火榮業川沙八

監生　賈浩川沙八

凡例

一志書即古國史之遺春秋之義首書春王所以大一統也會稽章實齋先生永清志首列皇言郎宗斯例倣而行之首卷恭紀天章

一舊志縣境圖摹畫山水徒工繪事今以開方計里法行之城圖六方合爲一里分圖每方一里而繫以山川村落橋梁寺觀務使可分可合不爽銖黍庶合古八圖經之義

一舊志人物分德業孝友諸目有同類書今以時代爲次

不分門類參用史記合傳附傳及南北史王謝一家傳例列女傳同其有事蹟無多文不成傳者則倣華陽國志士女名目錄之例而以列女姓氏錄附焉

一嘉慶志輿地水利分立兩門以漢書地理志溝洫志方之未爲大謬然水繫于地水利實關地方要害今從萬歷志載入輿地

一嘉慶志有食貨門又有田賦門攷食貨之目創於孟堅所言掌故田賦居其大半今合爲一

一學校爲人材盛衰所繫一縣元氣所關舊志入建置門

殊非崇尚之道今立專門

一舊志不載兵事吾虞地非衝要兵事蓋寡其顛末可攷者晉孫恩至　國朝咸同間粵寇凡若干事附載武備門以表安不忘危之旨

一經籍志用萬歷志例以人爲次不分四部又每書標舉大旨參用郡齋讀書志及　四庫提要例亦間仿經義攷節錄序文

一吉金樂石以時代爲次其有事關掌故或涉水利者别錄其文於各篇之內金石志中第詳年月姓名款識字

數此外則盡錄全文兼附考證一以錢漢村金石記爲底本惟錢書以元爲斷限今倣汪謝城先生烏程志例自漢迄今悉著于編

一舊志有藝文門以載詩文案漢書新唐書明史各藝文志皆志書目非志詩文今既立經籍志而錄詩文之有關典要者别名文徵其編次參用昭明文選及宋文鑑南宋文範元文類皇明文徵例

一諸史目次向有同異史記漢書之屬先志後傳魏收魏書先傳後志此次列傳先成諸志後定故用魏書之例

又章實齋先生曰史之有表乃列傳之敘目名列於表而傳無其人者乃無德可稱而書事從略者也其有立傳而不出於表者事有可紀而用特書之例也今表後即繼列傳於章先生之指亦合

一前人著作不得掠美凡有援引概注書名其有採掇成篇者則逐段注明所據何書如文由剪裁事本羣籍則每條下總注某書某書採訪所得則注採訪或新纂新增

一承用舊志從最初之本如萬歷志所有而正統志已有

者則注正統志嘉慶志所有而康熙志已有者則注康熙志

一每門義例無關全書大旨者則於每篇之首或每條之末間標作意

一是書剋期告成疏舛知所不免後之君子幸訂正之

上虞縣志目錄

上虞縣志卷首

天章

順治十年

諭祭故明戸部尚書兼翰林院學士今謚文貞倪元璐之靈曰文章華國節義維風有一於此歿有餘榮維爾元璐遭時不偶爾骨欲寒爾名不朽不朽維何文山之歌似爾正氣伊誰較多爾才鬱勃砰礴江左弱歲聯翩赤墀青瑣再任成均德重型尊暫蹶復振主眷方殷司農告匱命爾擘畫無米胡炊與時同蹶冦躪都門維絕柱崩君死社稷

而爾死君嗚呼衣裳楚楚結纓不茍附髯攀鱗喜隨君後泰山鴻毛死爲重輕疇能似爾不媿科名地有河嶽天有日星爾名並垂振古如生特隆諭祭尙其歆承

康熙十七年四月二十二日廣西巡撫傅宏烈奏故撫臣馬雄鎮幕友陳文煥等周旋患難冒險來歸忠君信友兩全其美伏乞

敕部叙錄以鼓義士之氣得

旨據奏原任廣西巡撫馬雄鎮抗詞駡賊精忠報國並家口殉難忠貞慘烈深可憫惻作何恩卹著議政王大臣等

會議具奏陳文煥等冒險來歸可嘉著一併議奏
雍正三年十二月二十日署浙江巡撫福敏疏紹興海塘工程原議皆用條石後以條石不易購致限期已迫遂用條石托外亂石填中今恐日久坍塌仍改用條石請寬限期督率改築得
旨海塘工程關係民生最爲緊要必須一勞永逸若因條石一時難以購致從前便當聲明緣由奏請展限何得草率從事著交與新任巡撫李衛悉心查勘指示更改修理務期永遠堅固張楷在江南修理塘工用木樁密釘似爲

有益可否倣行並令李衛酌量

乾隆元年三月初一日

諭朕聞浙江紹興府屬山陰會稽蕭山餘姚上虞五縣有沿江沿海隄岸工程向係附近里民按照田畝派費修築而地棍衙役於中包攬分肥用少報多甚爲民累嗣經督臣李衛檄行府縣定議每畝捐錢二文至五文不等合計五縣共捐錢二千九百六十餘千計値銀三千餘兩民累較前減輕而胥吏等仍不免有借端苛索之事朕以愛養百姓爲心欲思閭閻毫無科擾著將按畝派錢之例卽行

停止其隄岸工程遇有應修段落著地方大員委員確估
於存公項內動支銀兩興修報部覈銷永著爲例
道光十年五月十三日奉
上諭朕聞江西泰和縣知縣徐廸惠通曉堪輿仰巡撫吳
光悦即着該員到省飭令來京務於中秋前後趕到着此
諭令知之
同治四年十一月二十五日奉
上諭馬新貽奏遵保督辦土備塘工出力官紳開單請奬
一摺浙江仁和海甯境內土備塘堤年久坍塌潮水內灌

爲害民田經該撫飭令該官紳等勸捐督辦修築堅固尚屬著有微勞自應量予奬勵員外郎銜候選主事經緯始終奮勉出力積勞病故著照軍營立功後身故例議卹

光緒十七年七月二十三日奉

上諭山東巡撫張曜秉性忠勇歷著勳勤咸豐同治年間由知縣從戎創立嵩武軍轉戰河南安徽湖北直隸等省迭克名城剿平粤捻各逆嗣復剿辦甘肅及關外回匪掃穴擒渠戰功甚偉歷受

先朝知遇賞給騎都尉世職賞戴雙眼花翎升授布政使

改補總兵擢任提督朕御極後因回疆肅清給予一等輕
車都尉加一雲騎尉世職補授廣西巡撫加尚書銜調任
山東巡撫於山東黄河尤能悉心擘畫親歷河工督率工
員力籌修守實屬勤勞罔懈前經迭奉
懿旨命幫辦海軍事務賞加太子少保方冀克享遐齡長
承倚畀昨因患病甫經賞假調理遽聞溘逝軫惜殊深張
曜着晉贈太子太保入祀賢良祠並於立功省分建立專
祠生平戰蹟事實宣付國史館立傳加恩予謚賞銀一千
兩治喪由山東藩庫給發照總督例賜卹任內一切處分

悉予開復應得郵典該衙門察例具奏靈柩回籍時沿途
地方官妥爲照料伊子知府張端本着遇有道員缺出請
旨簡放主事張端理着賞給員外郎張端瑾及伊孫張爾
常均着俟及歲時由吏部帶領引見用示篤念藎臣至意
欽此

上虞縣城圖

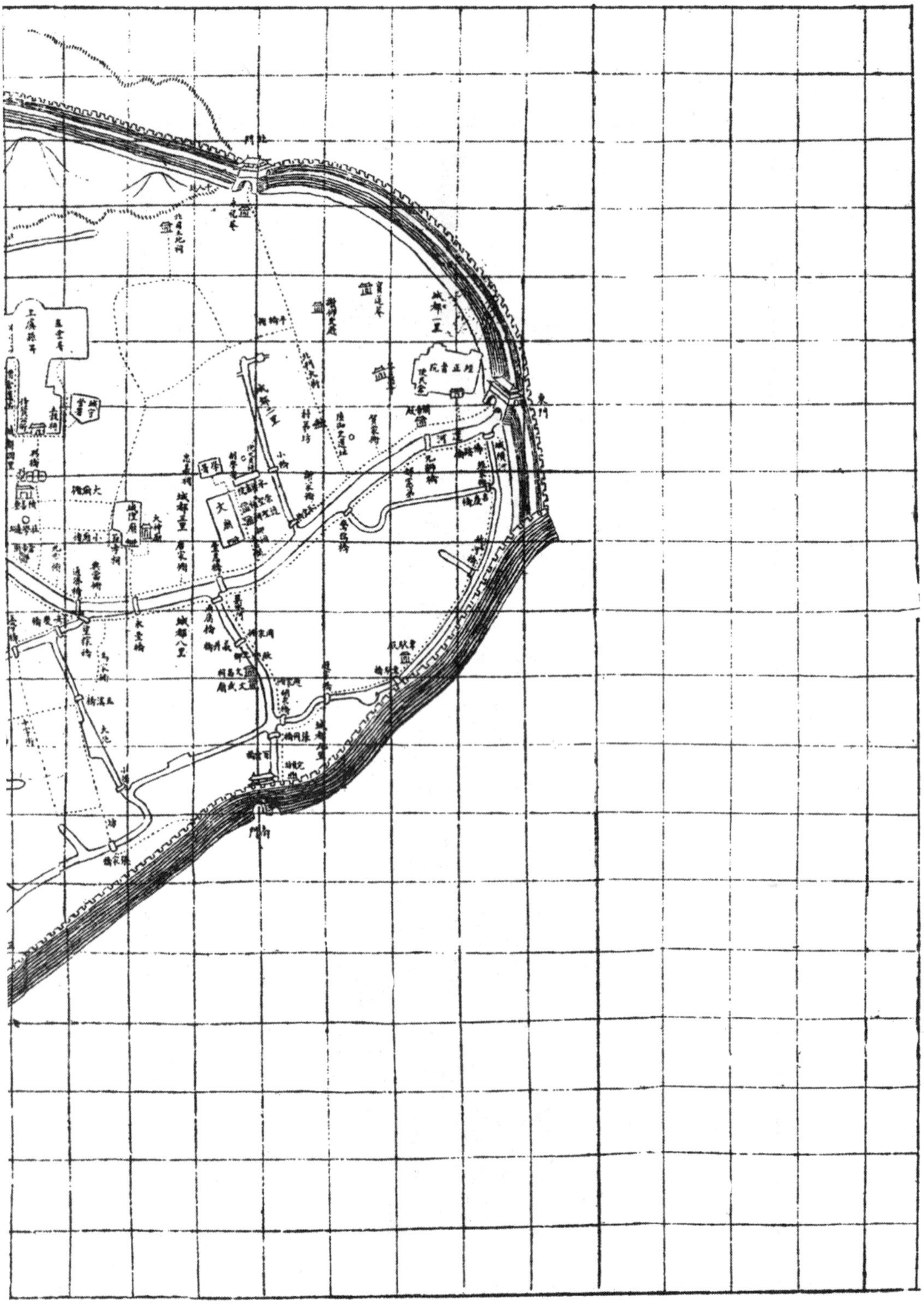

西門

西南門

每六方合一里

此圖直分兩幅橫分四排共四排八幅合成全圖

縣境全圖

圖内每方一里計縣境南北八十四里東西六十里

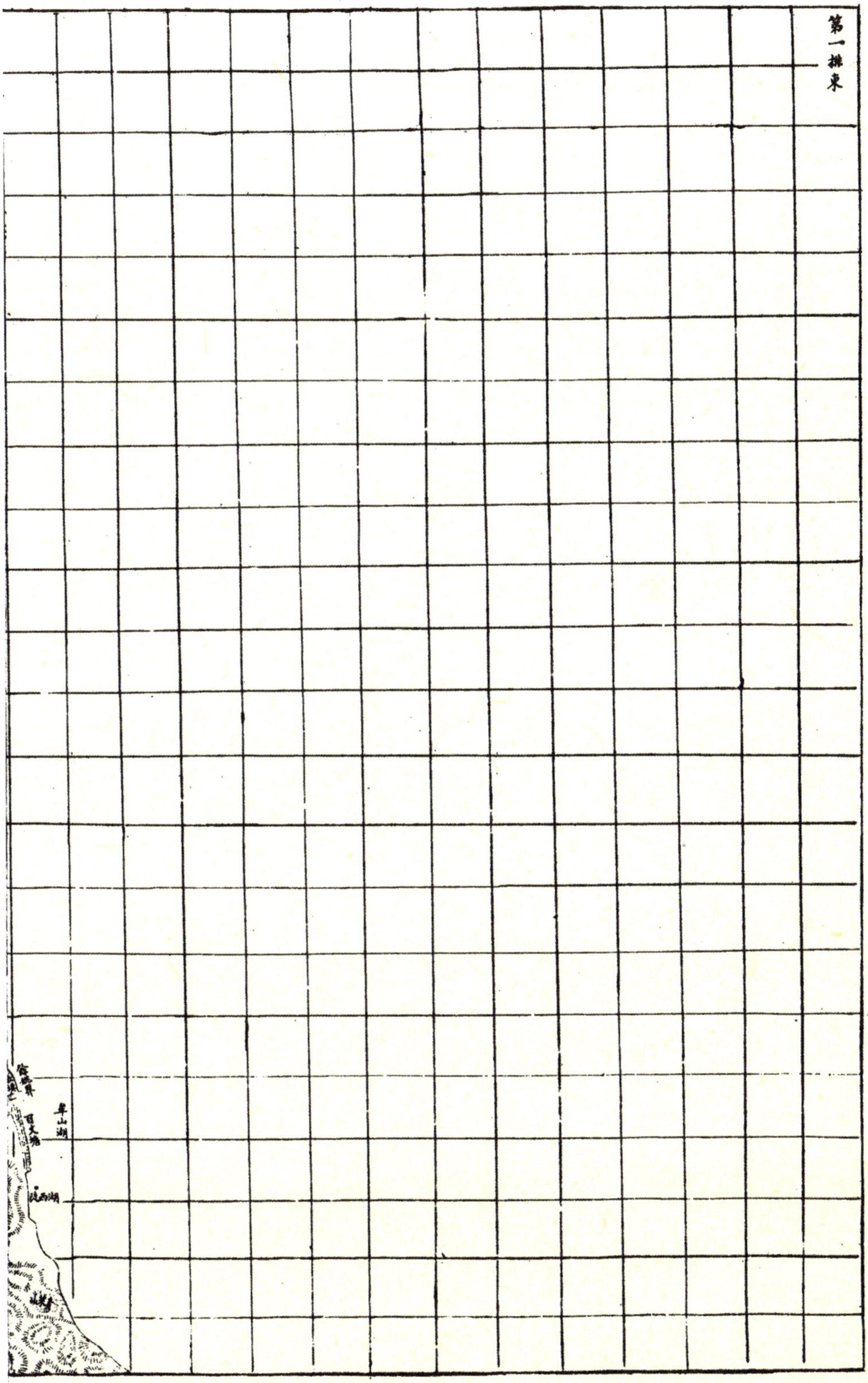

第一排東

餘姚界
百丈塘
牟山湖
西湖

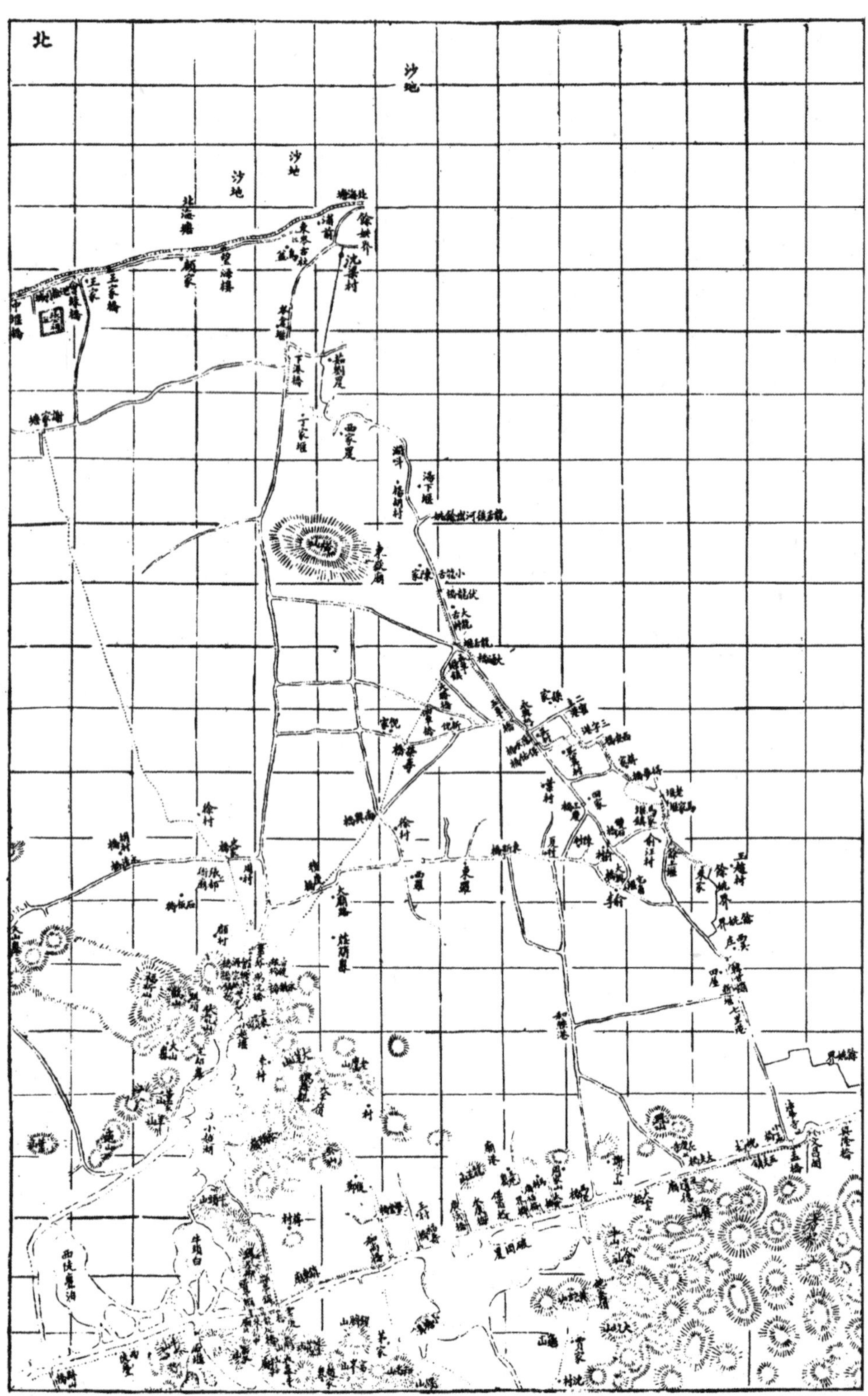
北
沙地
沙地
沙地
北海塘

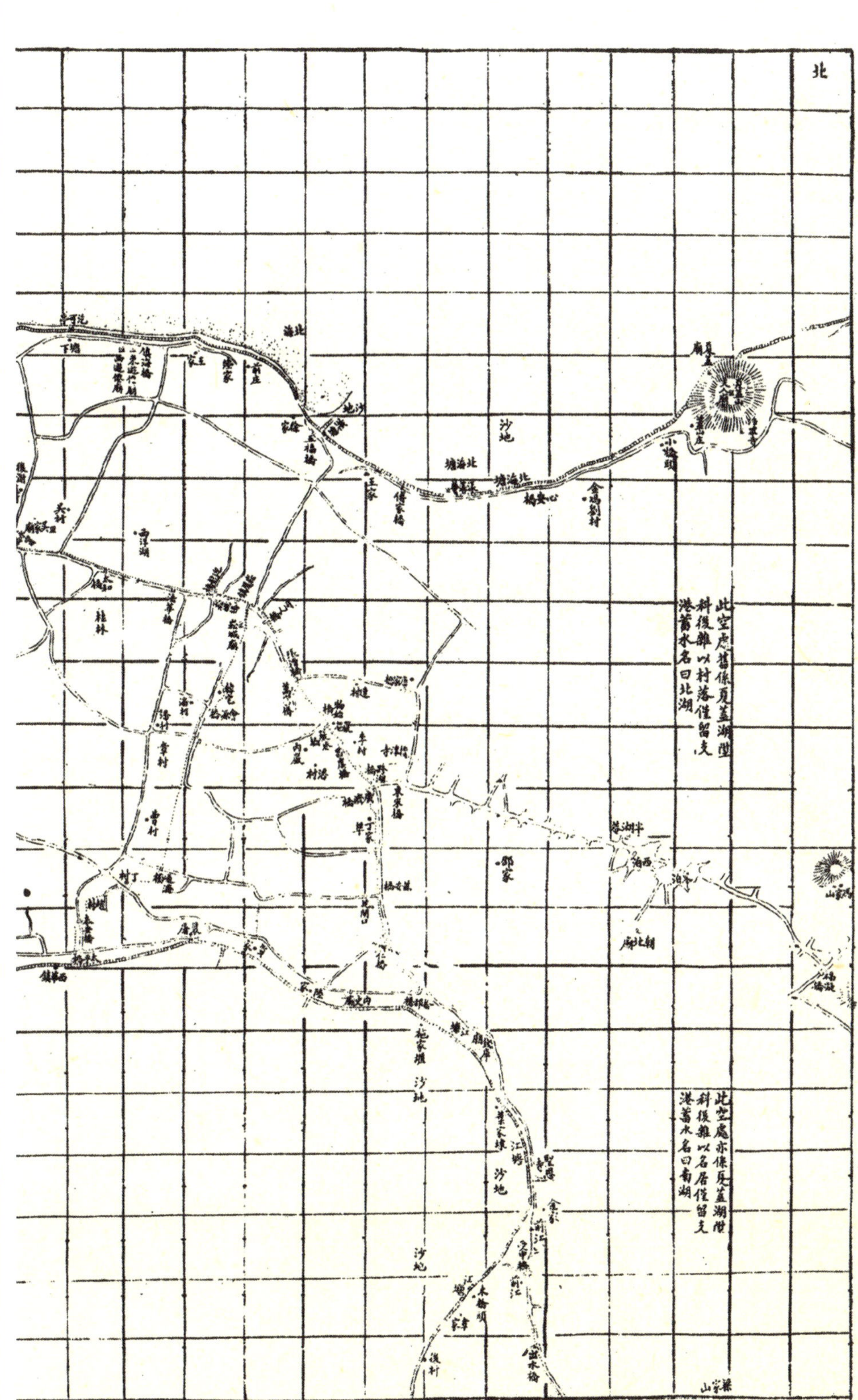
北
北海
沙地
北海塘
此空處舊係夏蓋湖陞科後雜以村落僅留支港蓄水名曰北湖
此空處亦係夏蓋湖陞科後雜以名居僅留支港蓄水名曰南湖
沙地
沙地
沙地

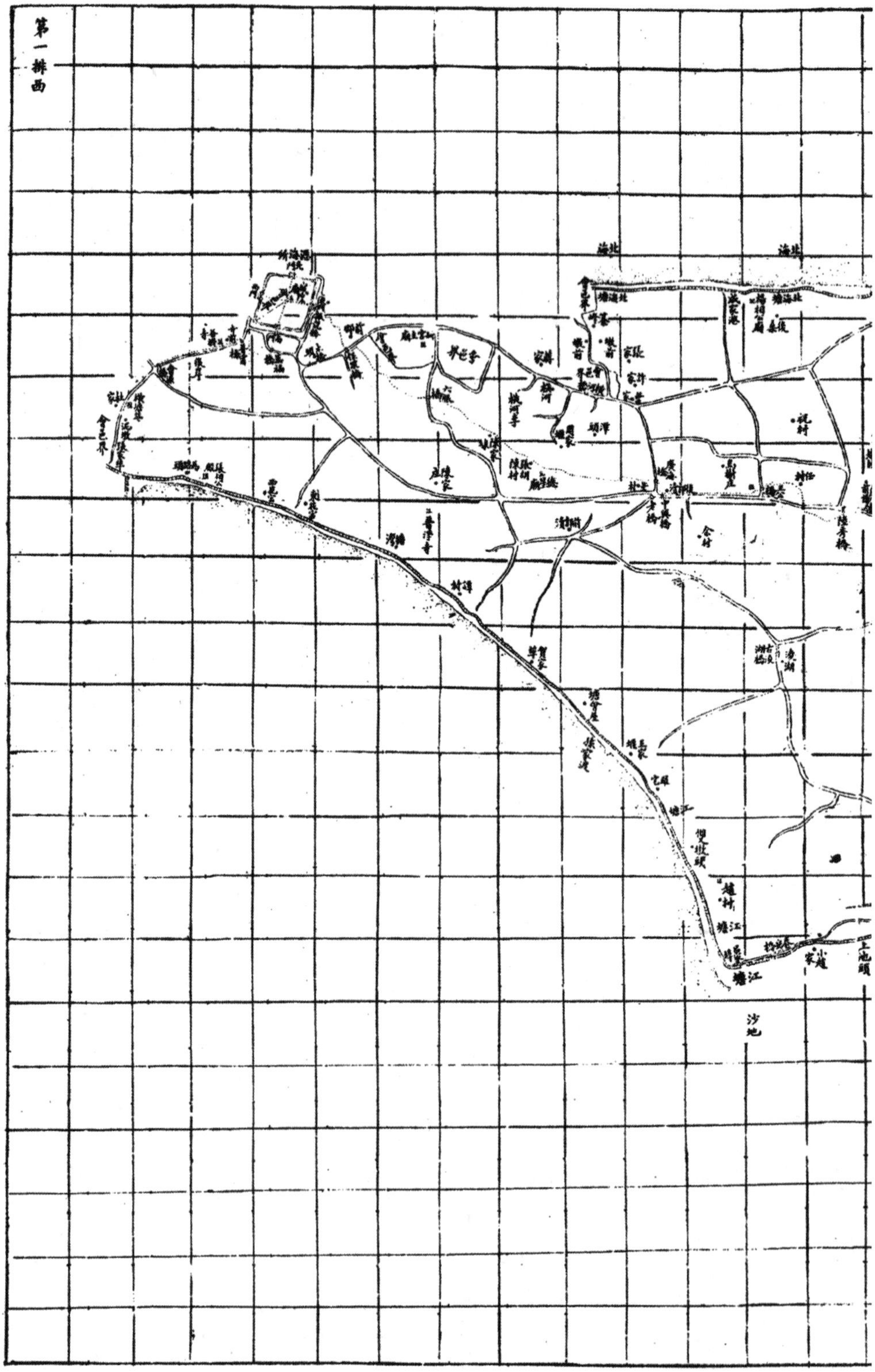

第一排西

北海

北海

江塘

沙地

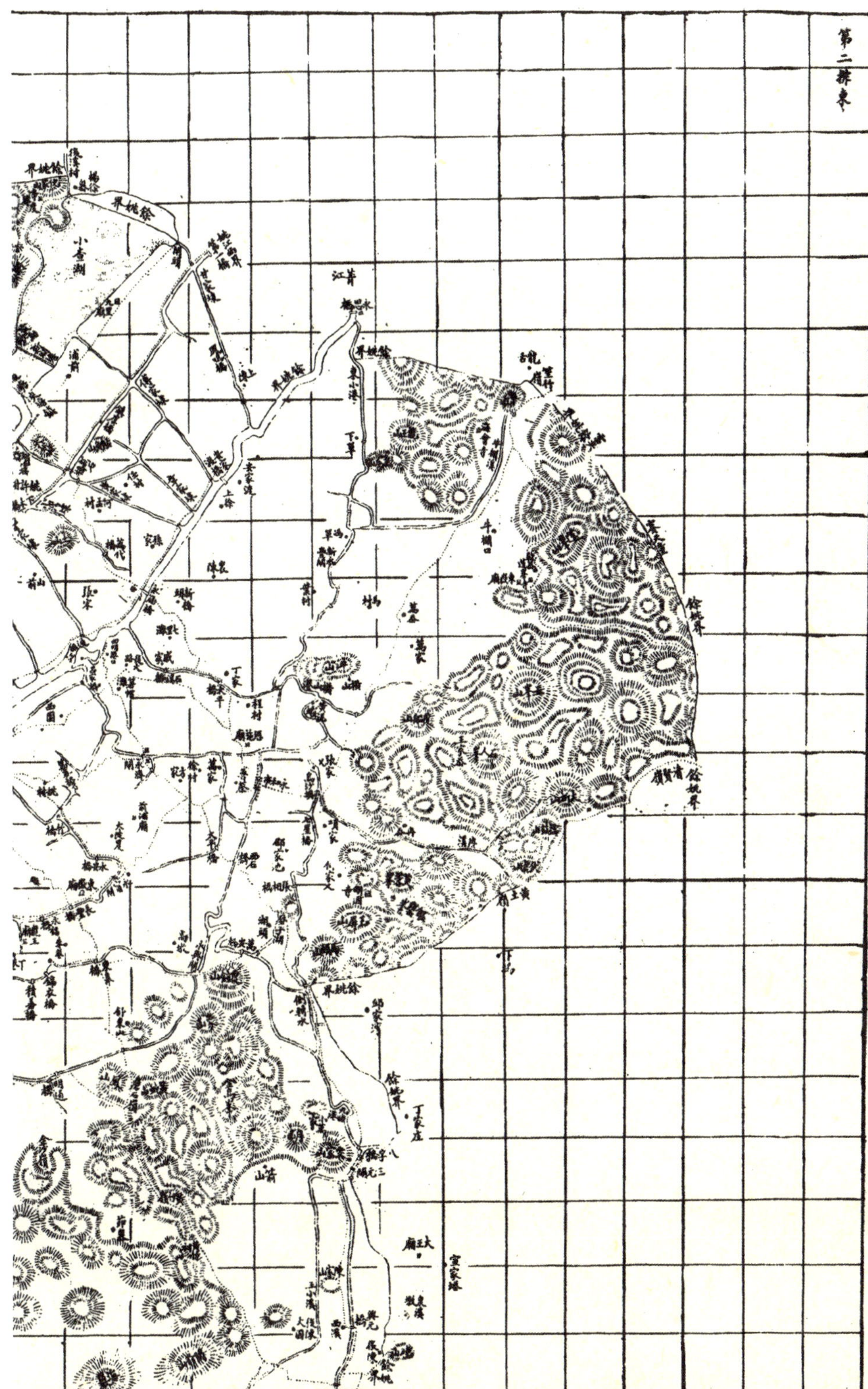
第二排東
餘姚界
小查湖

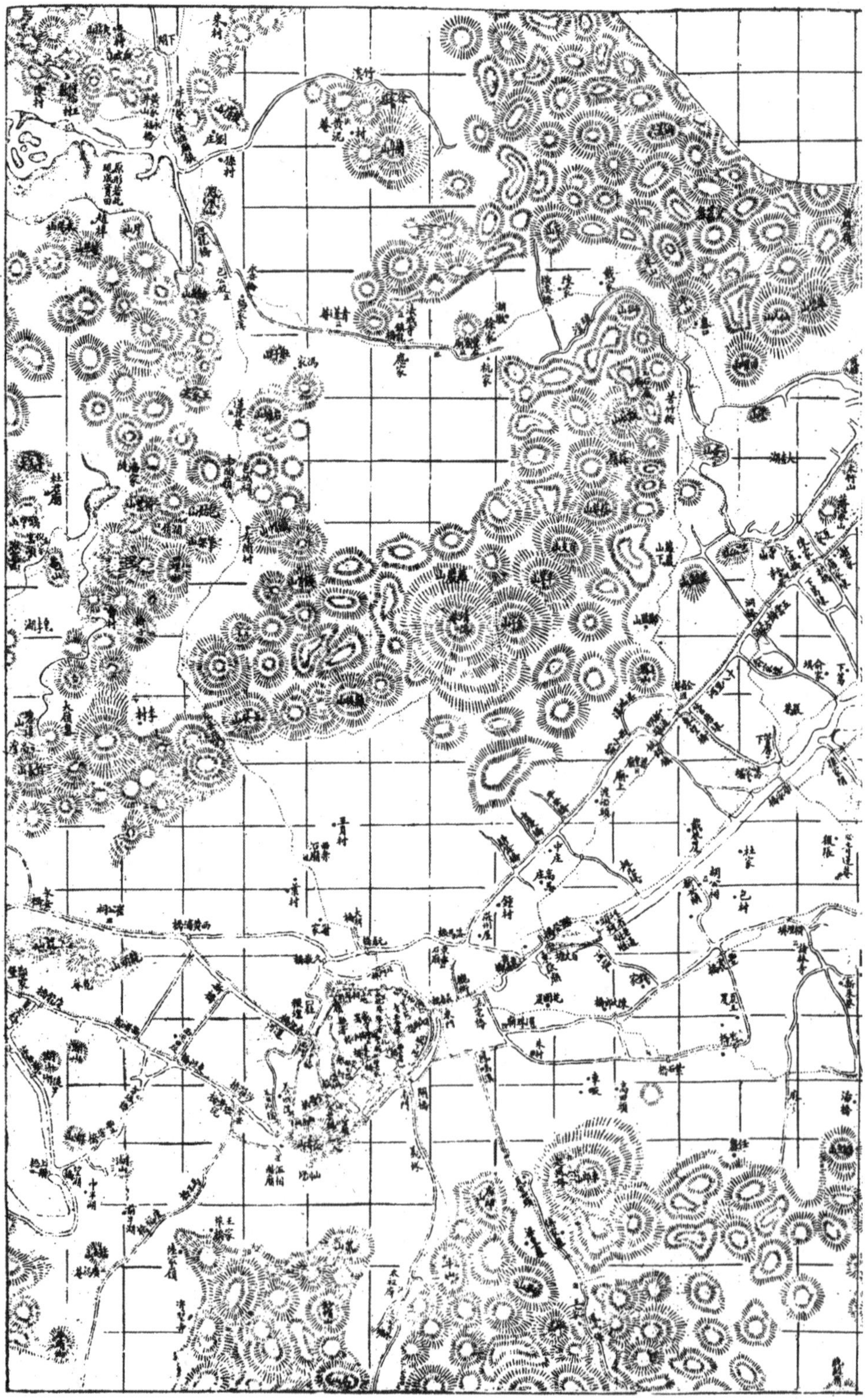

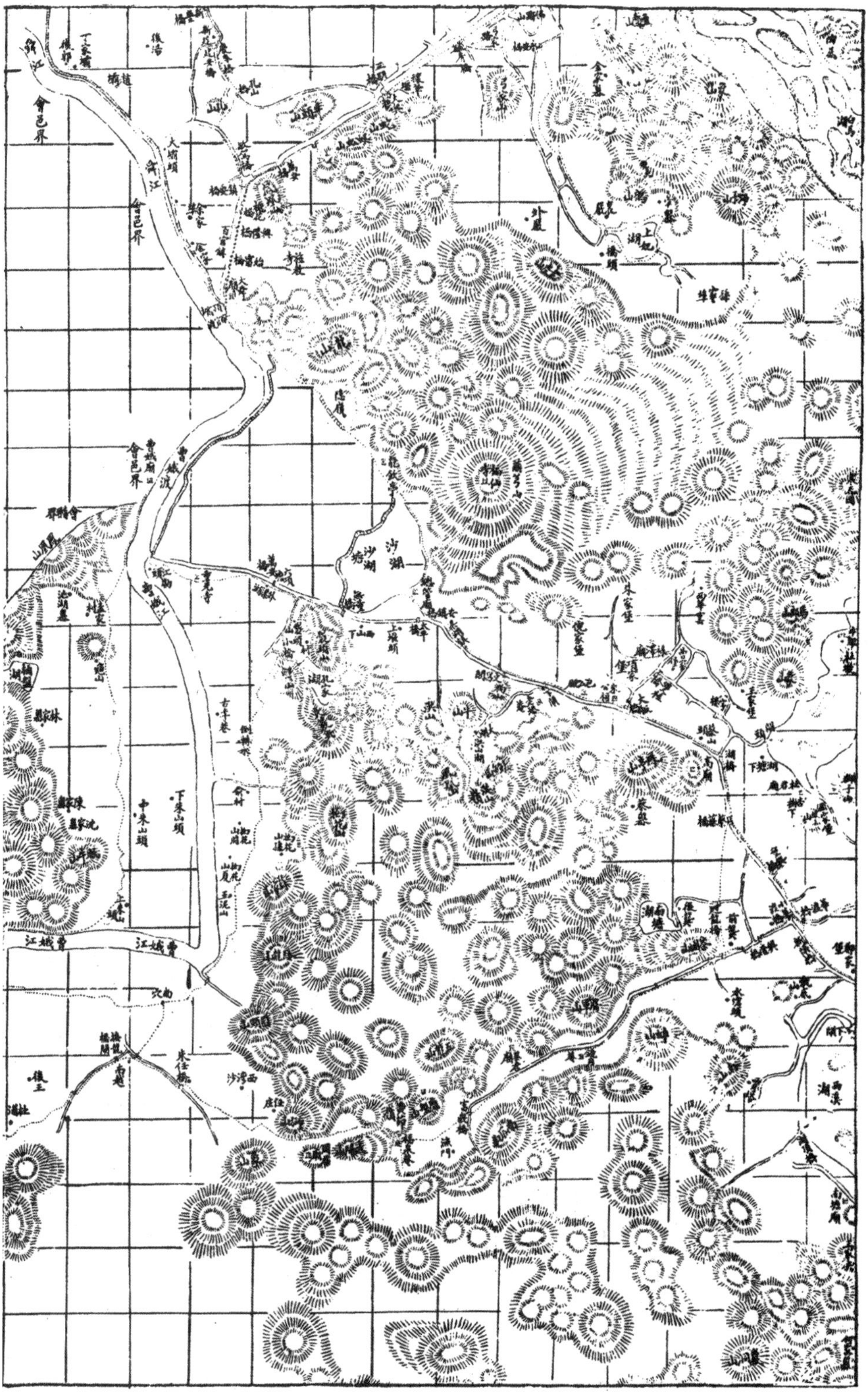

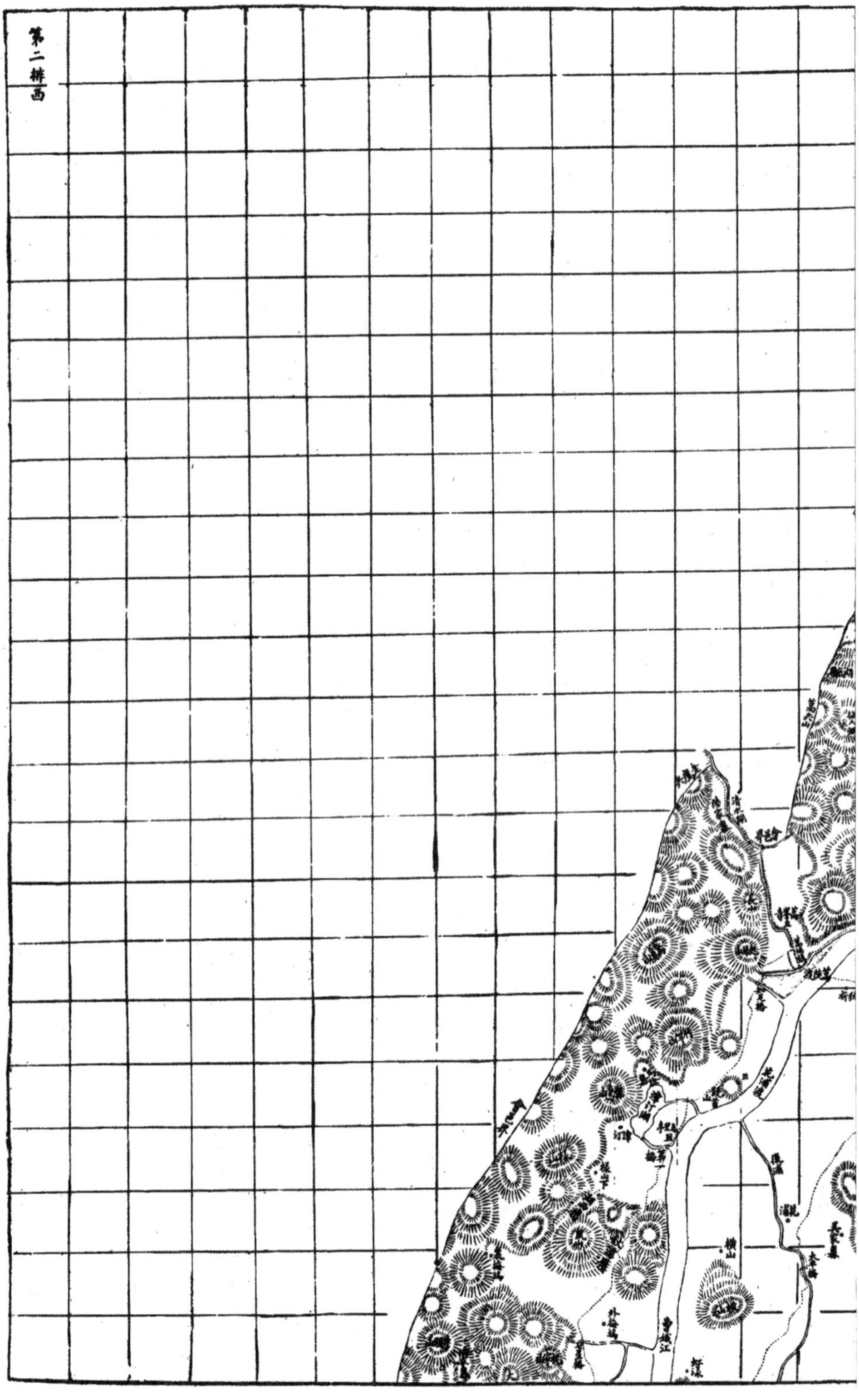

第二排西

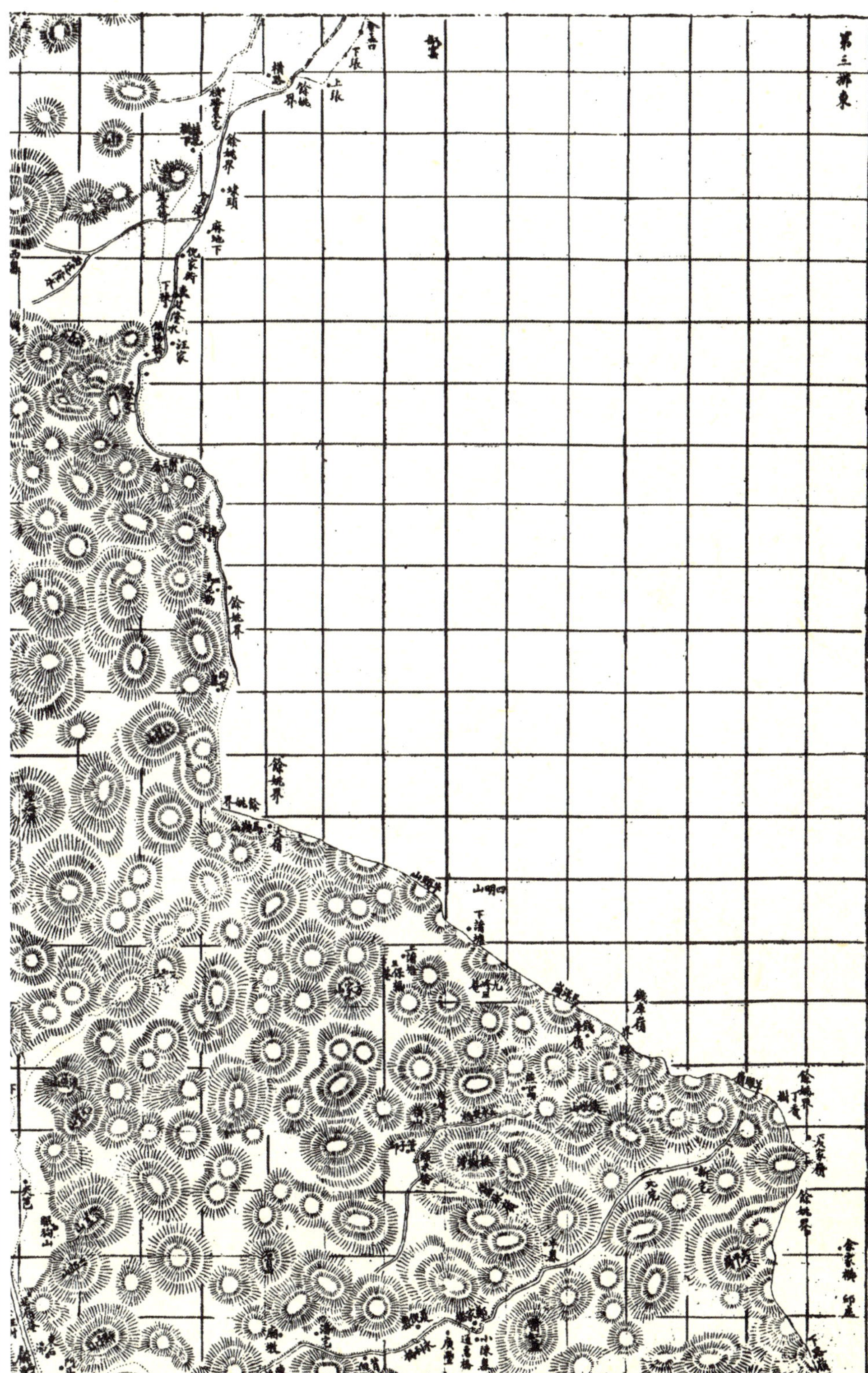

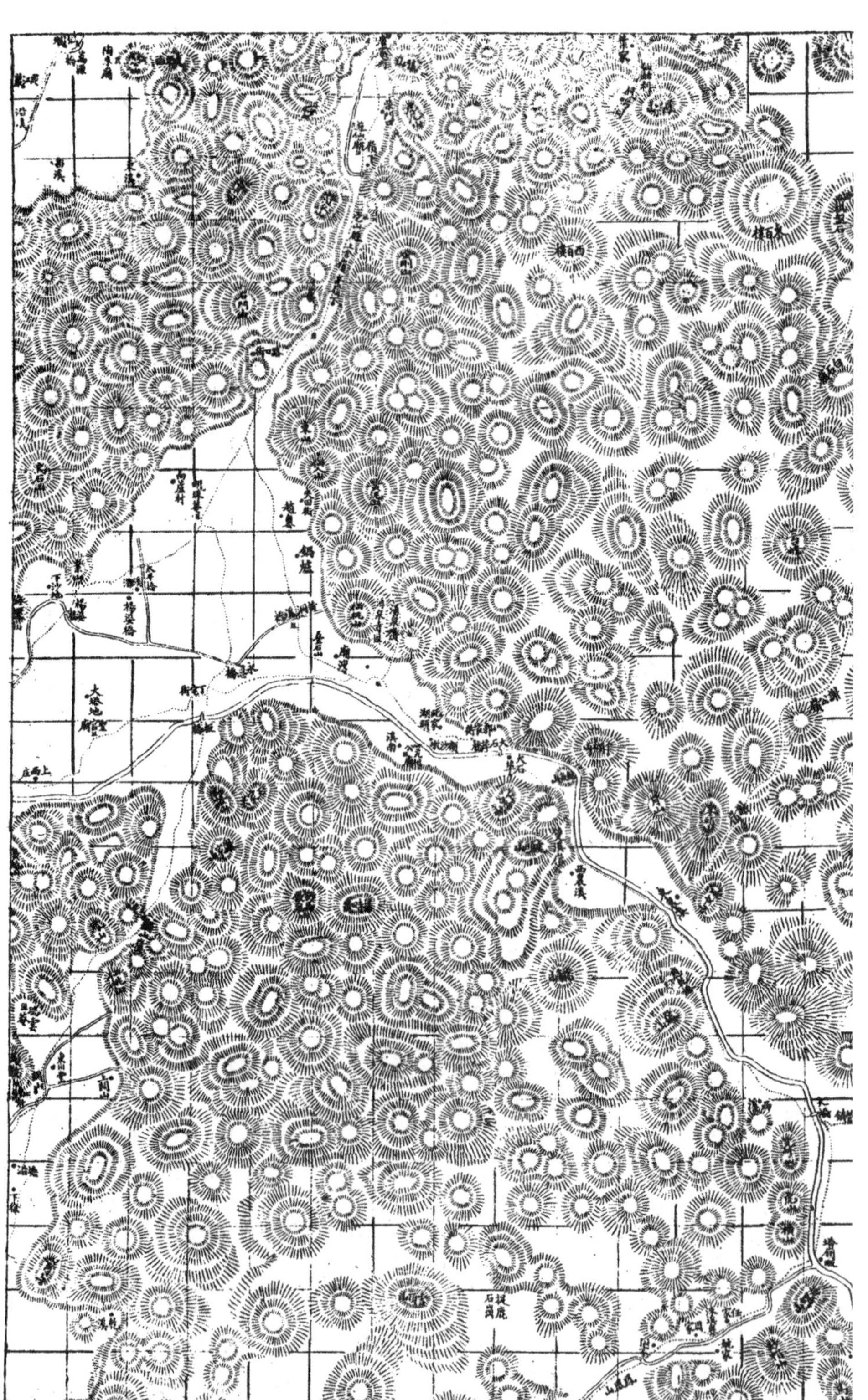

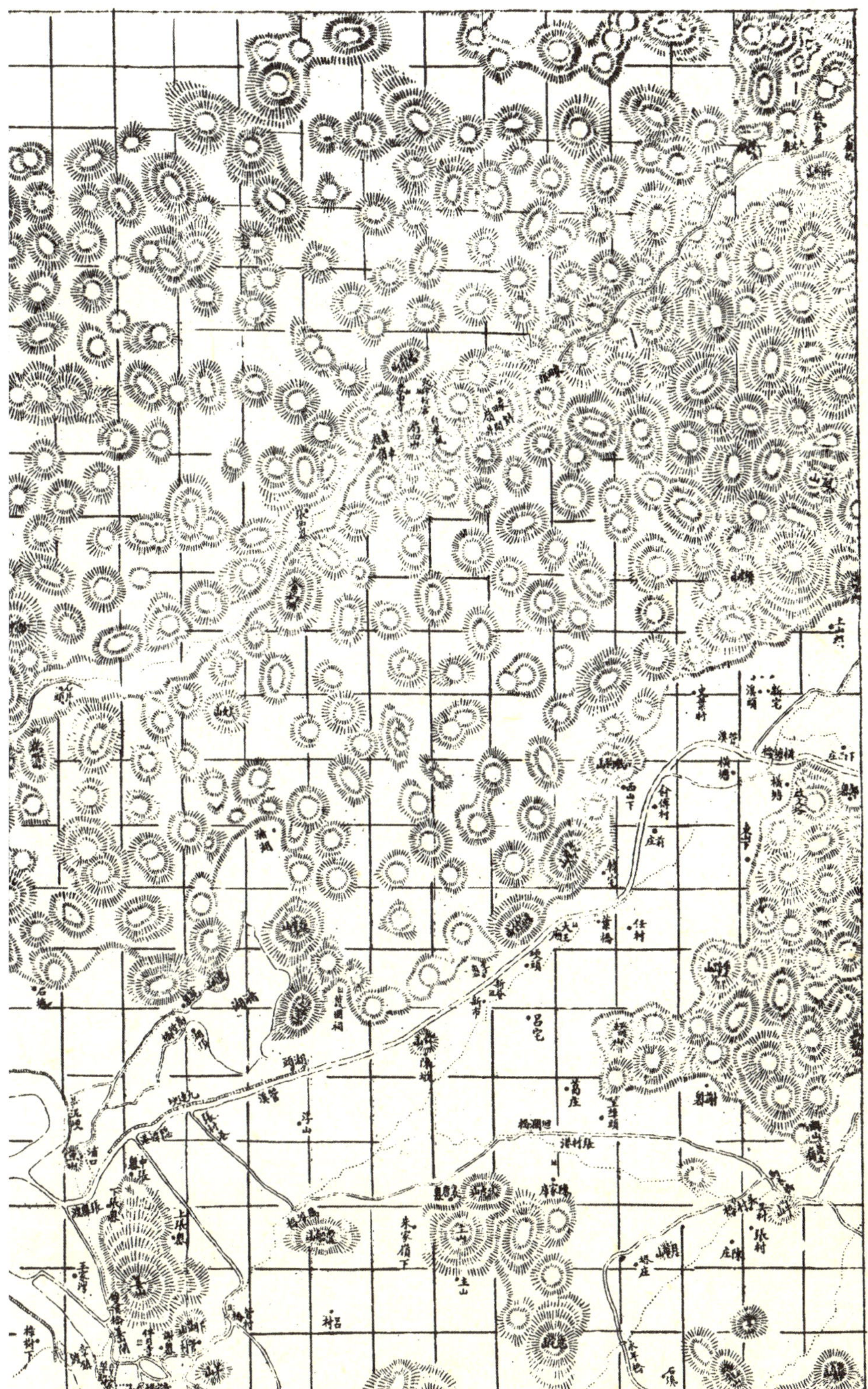

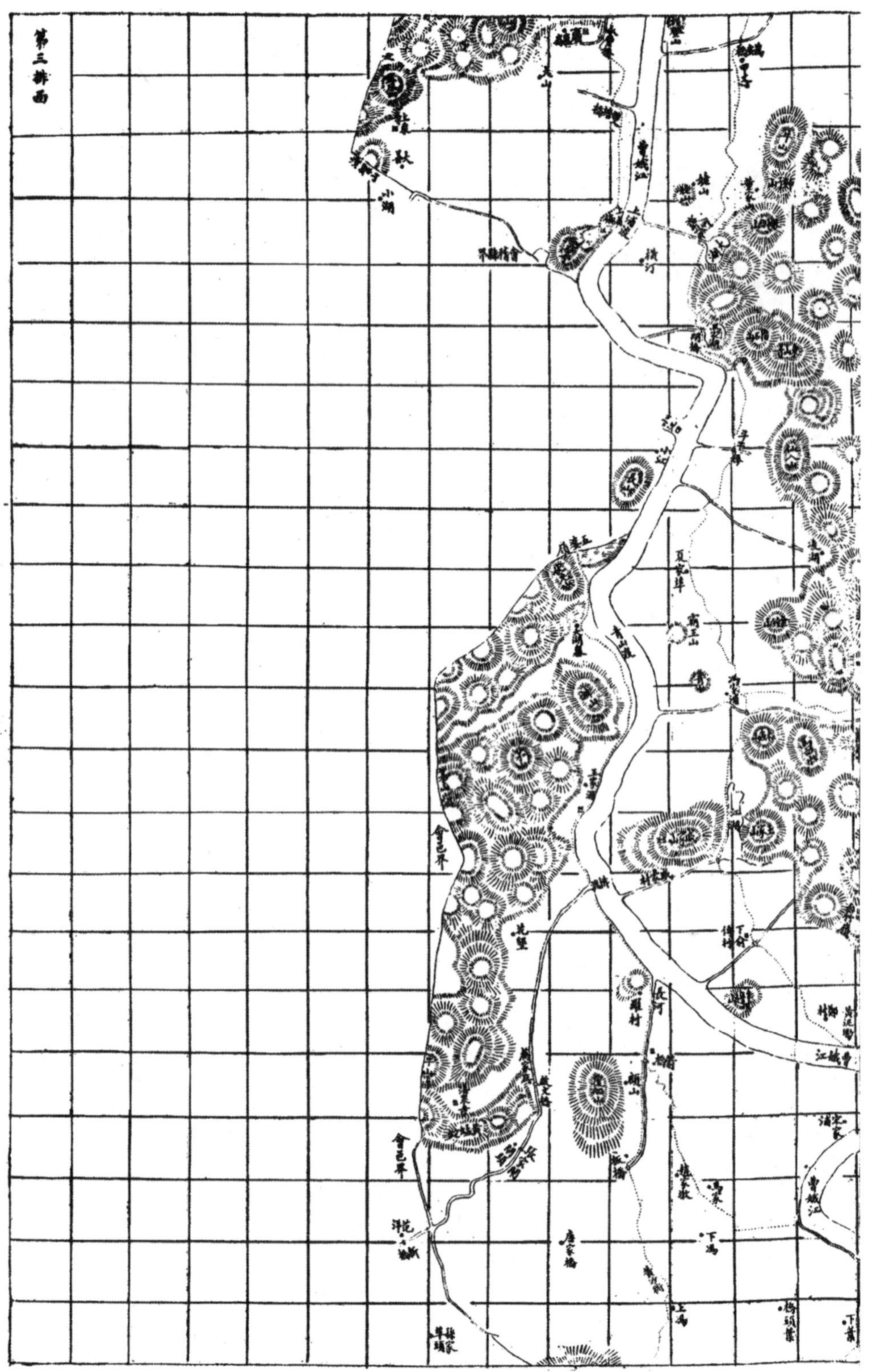
第三排西
曹娥江
會邑界
夏家埠
唐家橋

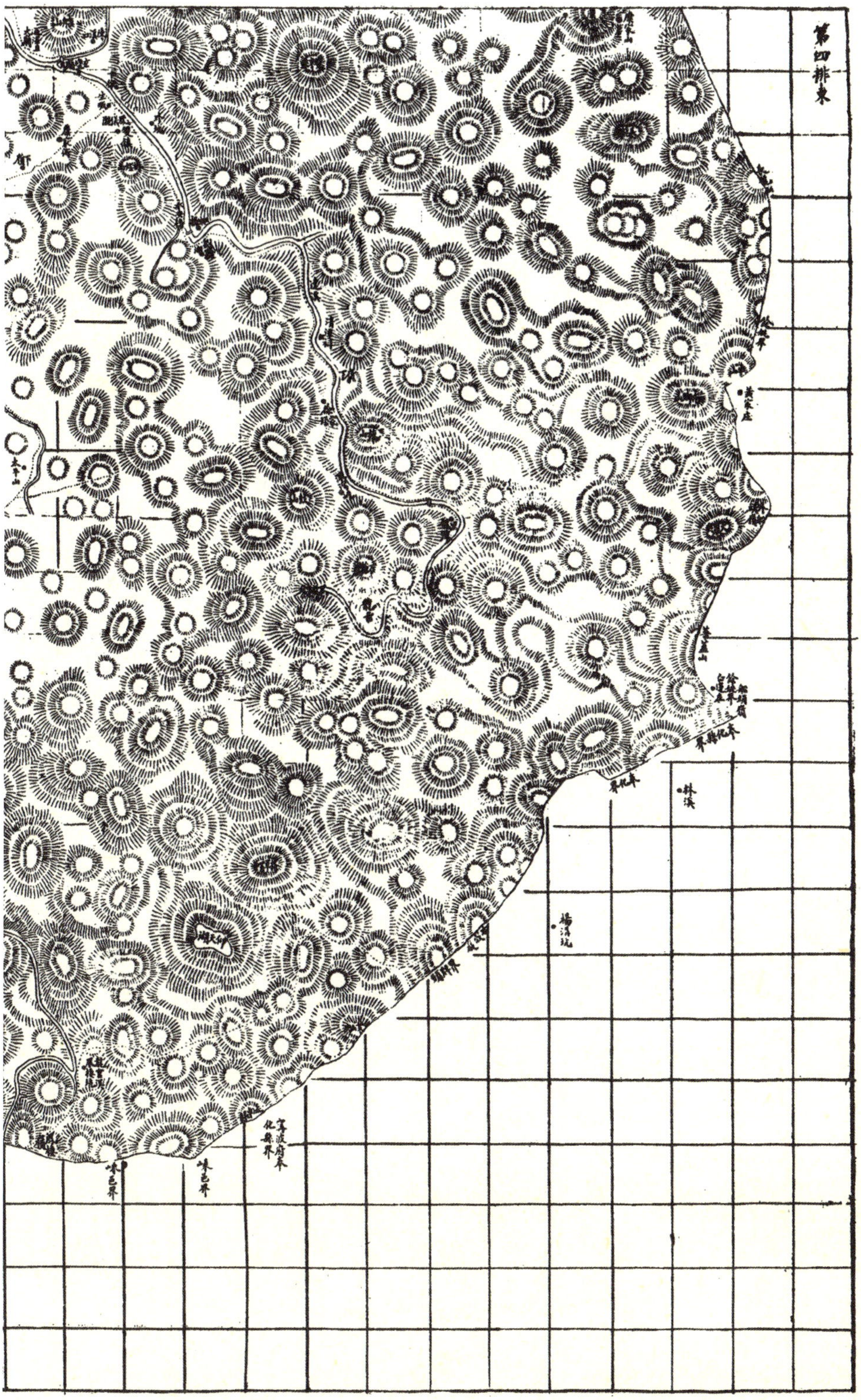

第四排東

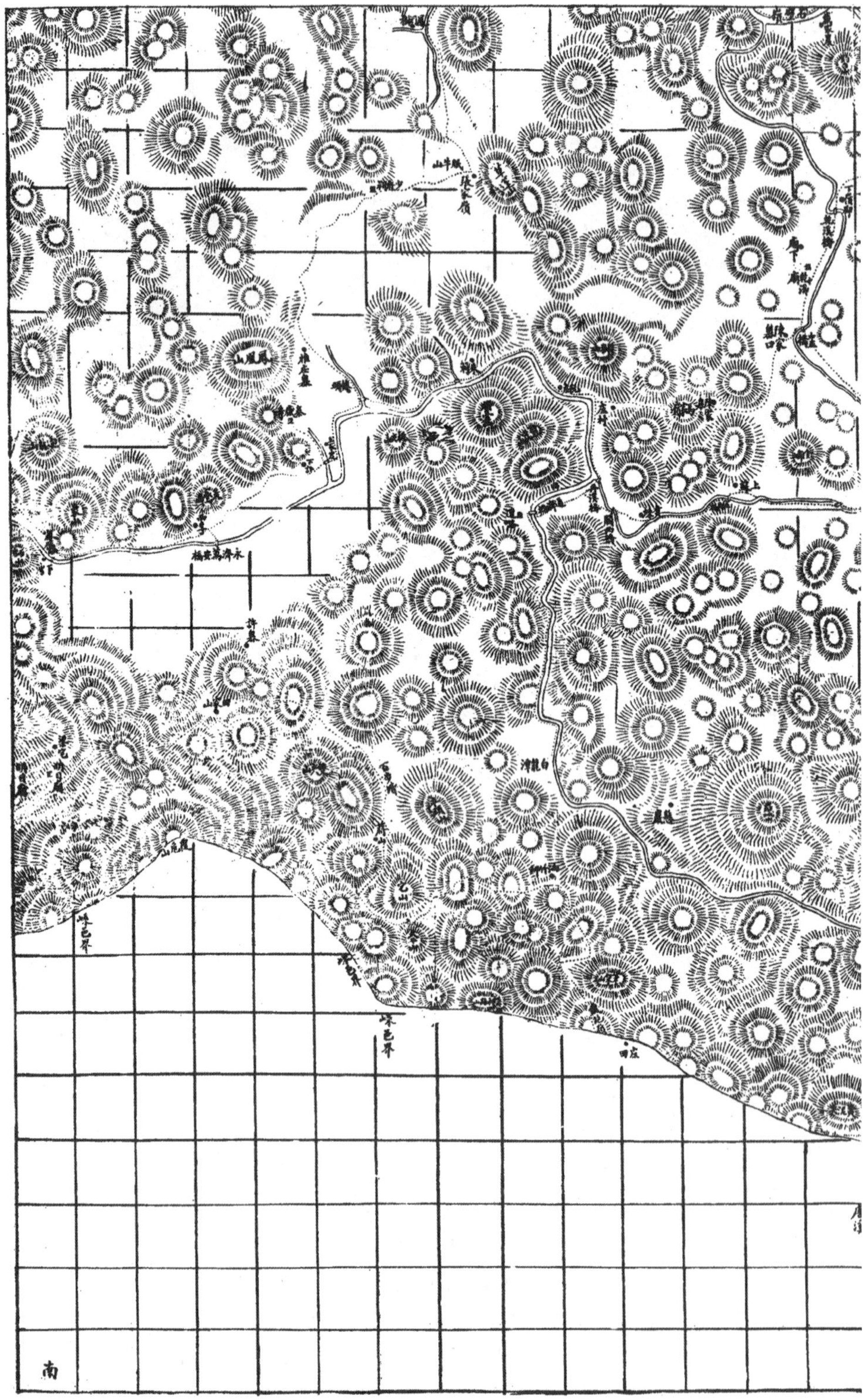

南

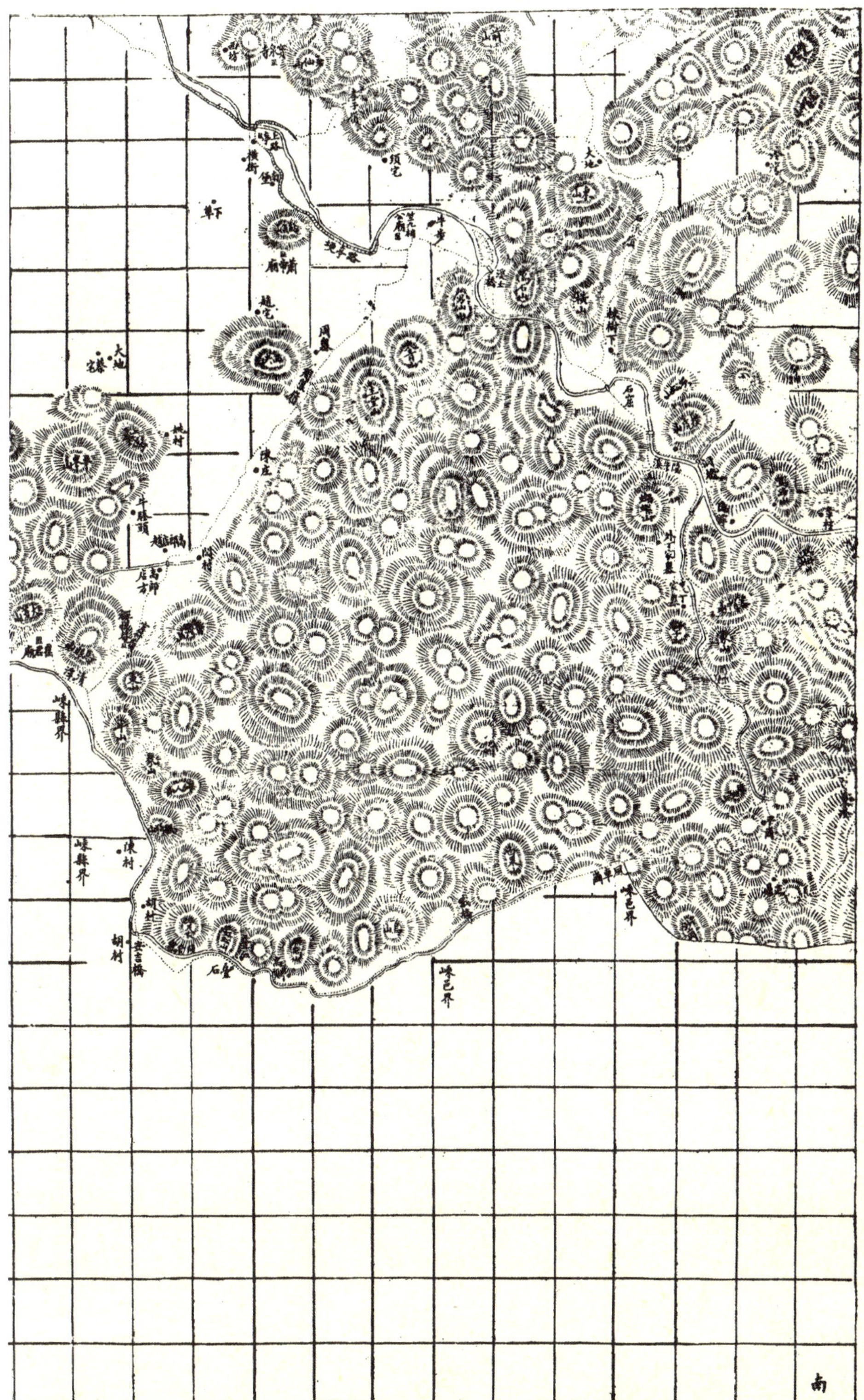
南

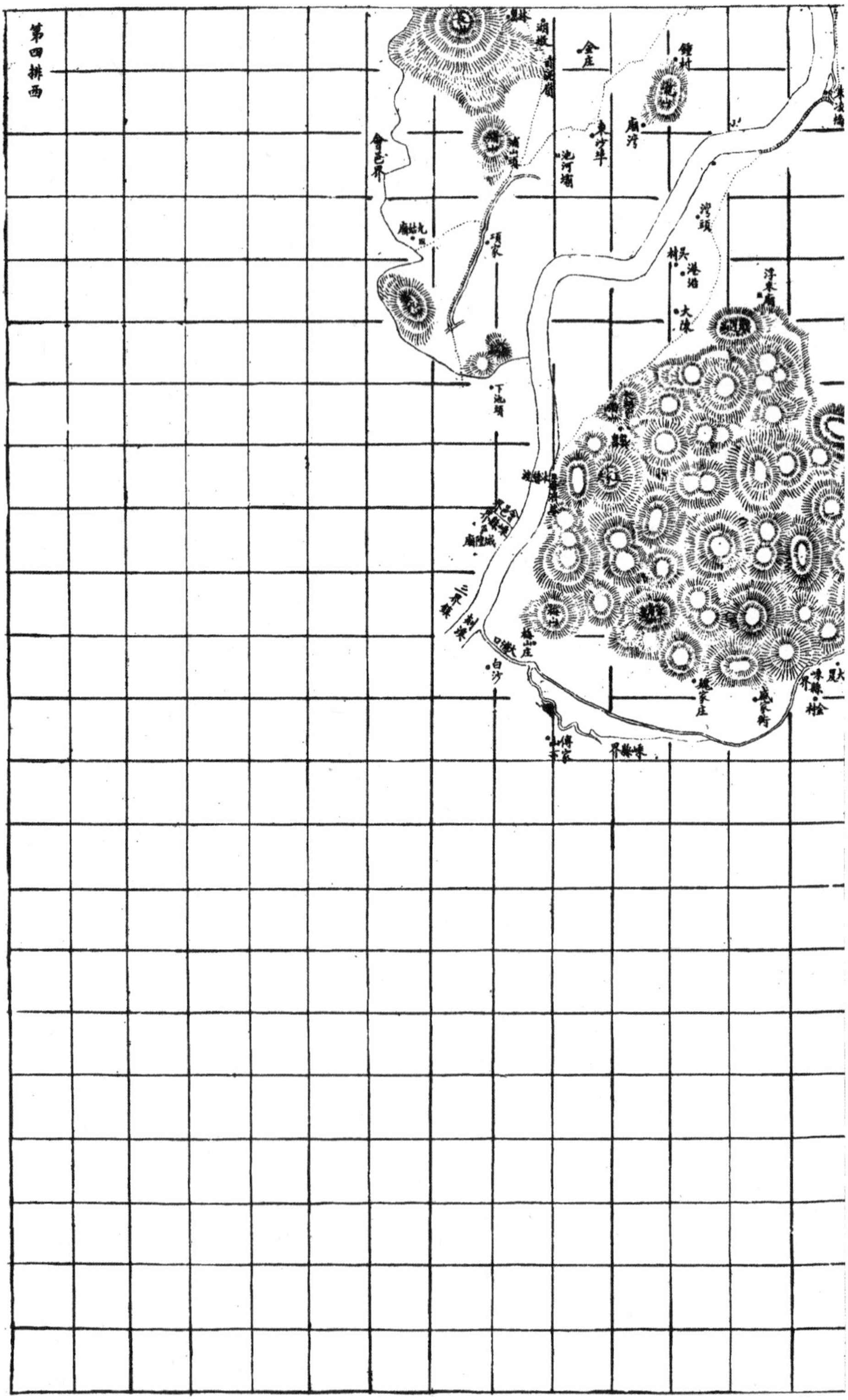

第四排西

新測道里紀

遵用工部營造尺以西尺之一分即營造尺一分但西尺每寸祇八分以十二寸九十六分爲一尺今外加四分以足營造尺之用每里計營造尺一百八十丈

城中

東啟文門敵樓中心起沿城至百雲門敵樓中心止二百二十七丈七尺

南百雲門敵樓中心起沿城至通澤門敵樓中心止四百四十七丈七尺

西南通澤門敵樓中心起沿城至鎮武門敵樓中心止

二百三十四丈五尺

西鎮武門敵樓中心起沿城至靖海門敵樓中心止二百九十三丈五尺

北靖海門敵樓中心起沿城至啟文門敵樓中心止一百六十五丈六尺

以上週圍共一千三百六十九丈合作七里六分零

東門至西門長三百八十三丈二尺合作二里一分三

南門至豐惠橋長一百三十六丈九尺合作七分六

西南門至通濟橋長二百四十七丈一尺合作一里三

分七

北門至世仕坊長一百二十八丈一尺合作七分一

東鄉

東門外釣橋起至黃浦橋新通明夾塘小查湖閘頭姚界止共三千七十八丈九尺合作十七里一分計東門外釣橋至黃浦橋三百二丈四尺合作一里六分八黃浦橋至新通明九百三十丈四尺合作五里一分八新通明至夾塘一千一百八十一丈一尺合作六里五分六夾塘至小查湖閘頭姚界止六百六十三丈合作三里六分八

東門外永甯橋起至陳大郎橋永和市剡嶨黃土嶺頂

姚界止共三千五十六丈合作十六里九分八計永甯橋至陳大郎橋四百五十二丈五尺合作二里五分一陳大郎橋至永和市一千七百二十七丈五尺合作九里六分永和市至剡嶴黃土嶺頂姚界八百七十六丈合作四里八分七

東門外永甯橋起至永和市共二千一百八十丈合作十二里一分一又自永和市起至筆竹嶺界牌頭姚界止共三千七百四十九丈八尺合作二十里八分三內自永和市至筆竹嶺界牌頭姚界一千五百六十九丈八尺合作八里七分二

東門外永甯橋起至永和市丈尺里數見上又自永和市起至八字橋姚界止共三千三百二十六丈五尺合作十

八里四分八内自永和市至八字橋姚界一千一百四十六丈五尺合作六里三分七

東門外永甯橋起至陳大郎橋四百五十二丈五尺合作二里五分一又自陳大郎橋起至黃竹嶺頂後陳新橋止共二千八百八十四丈一尺合作十六里零二内自陳大郎橋至黃竹嶺頂一千五百三十九丈二尺合作八里五分五自嶺頂至後陳新橋八百九十二丈四尺合作四里九分六

南鄉

南門外釣橋起至上舍嶺路口街丁宅街關山村牛步清潭嵊邑界止共八千三百四十六丈五尺合作四十六里三分八計南門外釣橋至上舍嶺頂一千四百二十一丈合作七里九分上舍嶺

頂至路口街五百三十七丈合作二里九分八路口街至丁宅街七百六十五丈五尺合作四里二分五丁宅街至關山村前校水橋一千二百六十七丈五尺合作七里零四關山村前至牛步二千六百八十四丈五尺合作十四里九分一牛步至清潭嵊邑界一千六百七十一丈合作九里三分

南門外釣橋起至路口街共一千九百五十八丈合作十里八分八又自路口街起至橫塘橋章鎮曹江龔嶴埠頭會邑界止共七千九百二十四丈八尺合作四十四里零三內自路口街至橫塘橋一千四百十五丈六尺合作七里八分六自橫塘橋至章鎮二千七百七十三丈二尺合作十五里四分一自章鎮至曹江龔嶴埠頭一千七百七十八丈合作九里八分八

南門外釣橋起至路口街丈尺里數見上又自路口街起至大

石埠下管鎮大廟錢庫嶺頂餘姚界止共八千六百三十五丈七尺合作四十七里九分八內自路口街至大石埠一千一百四十七丈五尺合作六里三分八自大石埠至下管鎮一千四百八十七丈合作八里二分六自下管鎮至大廟一千四百六十八丈七尺合作八里一分六自大廟至錢庫嶺頂界牌二千五百七十四丈五尺合作十四里三分

南門外釣橋起至關山村共三千九百九十一丈合作二十二里一分七又自關山村起至楝樹下平岡後山止共七千八百六丈七尺合作四十三里三分七內自關山村前至楝樹下二千二百十二丈七尺合作十二里二分九自楝樹下至平岡後山一千六百三丈合作八里九分一

南門外釣橋起至闗山村自闗山村至楝樹下六千二百三丈七尺合作三十四里四分六又自楝樹下起至泰岳寺前止共八千一百十四丈三尺合作四十五里零七内自楝樹下至泰岳寺前一千九百十丈六尺合作十里六分一

西南鄉

西南門外起至雙溪橋象田嶺馮家浦止共四千九百三十一丈九尺合作二十七里四分計西南門外至雙溪橋一千七百八十二丈合作九里九分雙溪橋至象田嶺一千十九丈一尺合作五里六分六象田嶺至馮家浦二千一百三十丈八尺合作十一里八分四

又西南門外起至華渡橋黃茅嶺南穴蒿陡渡蒿壩市會邑界止共四千四百三十二丈八尺合作二十四里六分二計西南門外至華渡橋一千五十一丈五尺合作五里八分四華渡橋至黃茅嶺一千四百二十二丈四尺合作七里九分黃茅嶺至南穴八百十八丈合作四里五分四南穴至蒿陡渡蒿壩市五百一丈五尺合作二里七分九蒿壩市至會邑六百三十九丈四尺合作三里五分五

西鄉

西門外起至華渡橋梁湖鎮江礮頭會邑界止共三千六百九十九丈三尺合作二十里五分五計西門外至華渡橋一千一百七十丈七尺合作六里五分華渡橋至梁湖鎮一千六百九十五丈六尺合作九里四分二梁

湖鎮至江磡頭會稽界八百
三十三丈合作四里六分三
西門外起至梁湖鎮共二千八百六十六丈三尺合作十五里九分二又自梁
湖鎮至百官項壩鎮安橋前江總官廟前內史廟十
都橋崧厦鎮崧城橋瀝海所東保衆橋會稽界止共
九千七百四十八丈九尺合作五十四里一分五内自
梁湖鎮至百官項壩一千二百十丈三尺合作六里
七分二項壩至鎮安橋二百八十丈合作一里五分
六鎮安橋至前江總官廟前一千三十九丈二尺合
作五里七分七總官廟沿塘至內史廟十都橋七百
四十九丈五尺合作四里一分六十都橋至崧厦鎮
崧城橋一千二百八十五丈六尺合作七里一分四
崧城橋至瀝海所東保衆橋會稽界二千三百十八
丈合作十二里八分八○案自保衆橋起至瀝海所

約二里皆係會邑界未量

西門外起至百官鎮安橋共四千三百五十六丈六尺合作二十四里二分

又自鎮安橋起至三都石堰止共五千八百十四丈六尺合作三十二里三分內自鎮安橋至石堰一千四百五十八丈合作八里一分

西門外起至崧厦鎮崧城橋共七千四百三十丈九尺合作四十一里二分七

又自崧城橋起至江塘上西華市止共八千五百三十四丈四尺合作四十七里四分內自崧城橋至西華市一千一百三丈五尺合作六里一分三〇案西華以下沿塘一帶有譚村呂家埠等地名其里數載海塘條下茲不贅

北鄉

北門外釣橋起至孝聞嶺楊家溪橫塘廟馬慢橋五夫鎭長壩姚地止共四千三百五十三丈一尺合作二十四里一分八計北門外釣橋至孝聞嶺頂一千四百二十丈九尺合作七里八分九嶺頂至楊家溪五百八十八丈九尺合作三里二分七楊家溪至橫塘廟五百二十九丈四尺合作二里九分四橫塘廟至馬慢橋九百六十四丈四尺合作五里三分六馬慢橋至五夫鎭四百五十八丈合作二里五分四五夫鎭至長壩餘姚界止三百九十一丈五尺合作二里一分八

北門外釣橋起至馬慢橋共三千五百三丈六尺合作十九里四分六又自馬慢橋起至驛亭小越鎭五車堰姚界止共六千四百二十四丈四尺合作三十五里六分九內自馬慢橋至驛亭

九百四十七丈二尺合作五里二分六自驛亭至小越鎮一千十一丈一尺合作五里六分二自小越鎮至五車堰姚界止九百六十二丈五尺合作五里三分五○案北門小越鎮下其至謝家塘里數以百八十丈爲一里推之約計十二里餘

附海塘丈尺里數

海塘自姚邑豎塘廟起至會稽界止共三千九百六十三丈五尺合作二十二里零二內自姚邑豎塘廟西濟字界石至夏蓋山脚墳字界石一千四百二十一丈合作七里九分夏蓋山脚墳字界石至汔可亭一千六百十丈五尺合作八里九分四自汔可亭至會邑界九百三十二丈合作五里一分八

又自瀝海所西南上會界石起至百官龍山脚止共六千

二百四十四丈五尺合作三十四里六分九內自瀝海所西

南江塘上塘界石至譚村九百三十一丈合作五里

一分七譚村至呂家埠一千三百十一丈合作七里

三分呂家埠至西華五百四十二丈合作三里西華

至前江一千八百二十九丈五尺合作十里一分六

前江至百官龍山脚一千六

百三十一丈合作九里零六

附闔境諸湖週圍丈尺里數

皁李湖週圍三千一百八十丈合作十七里六分六

西溪湖週圍一千三百丈五尺合作七里二分二

大查湖週圍一千七百八十八丈二尺合作九里九分

三

小査湖從閘頭起沿湖至楊徐壩後溪衕止週圍一千五百丈合作八里
二分三
豬湖週圍一千一百三丈八尺合作六里一分二
小越湖週圍一千一百丈四尺合作六里一分一
洪山湖週圍五百五十五丈四尺合作二里零九
上妃湖週圍四百九十三丈合作二里七分四
蜃子湖週圍一百八十七丈合作一里零四
夏蓋湖照原形五十四里三分
南塘湖六里一分

白馬湖照舊形十八里二分

孔家湖一里九分

漳汀湖二里八分

案夏蓋南塘白馬孔家漳汀五湖測時用兩向交點之法故週圍之數不便佈算

附閭境諸山直高丈數虞邑多山今擇犖犖大者載之

東百樓郎壽桃尖實測高一千七百六十八尺四寸

西百樓郎五雷尖實測高一千八百二十尺七寸

車郎山郎塔山實測高六百六十九尺九寸

蘿巖山實測高九百二十七尺三寸

覆巵山此山之高本甲於他山因測處地勢昂於彼耳實測高一千二百八十三尺四寸

藺茾山實測高八百五十四尺二寸

夏蓋山此山週七百十三丈合作三里九分六實測高五百二十七尺八寸

長者山實測高二百四十二尺五寸

上虞學宮圖

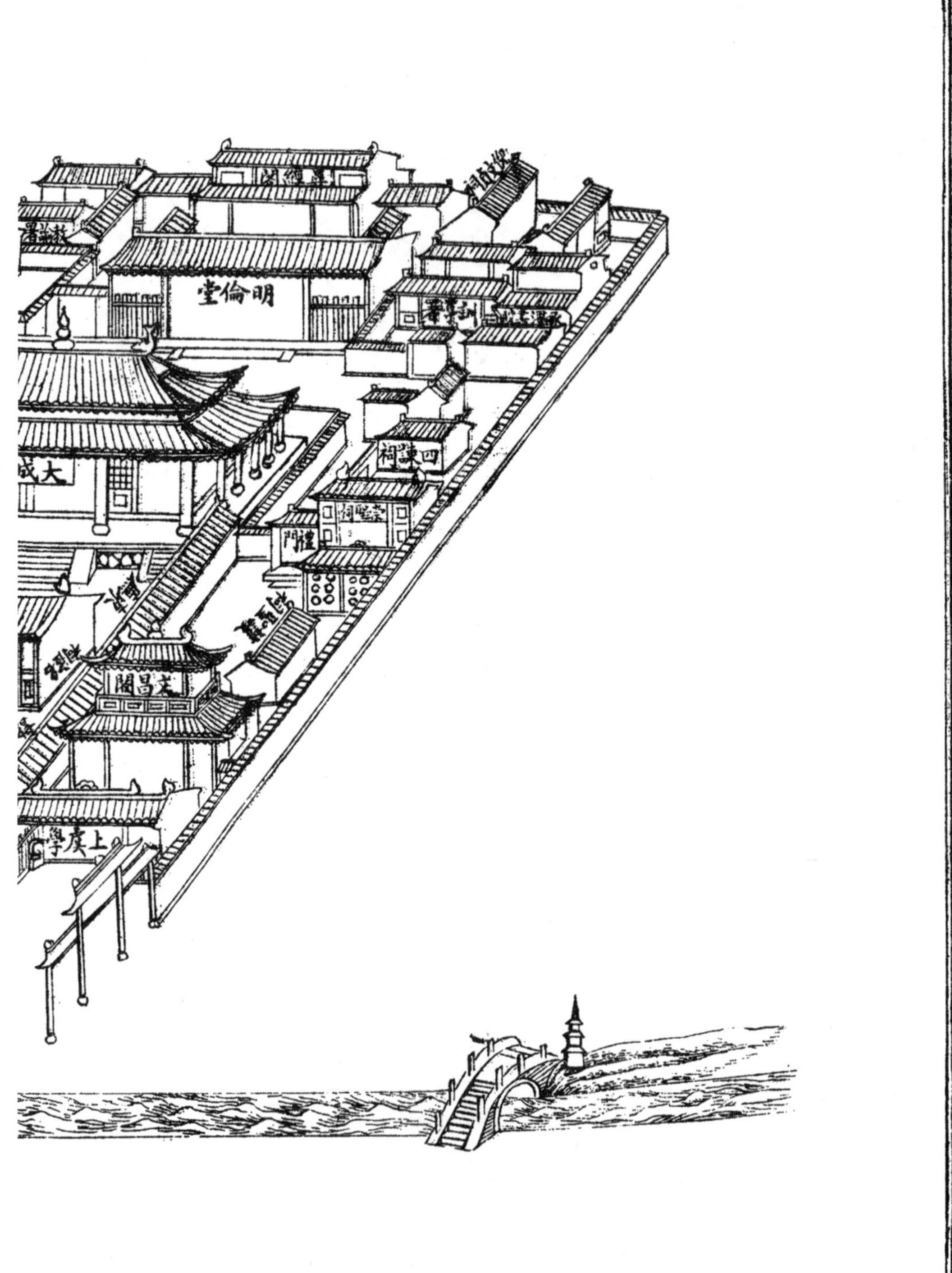
明倫堂
大成
四諫祠
禮門
文昌閣
上虞學

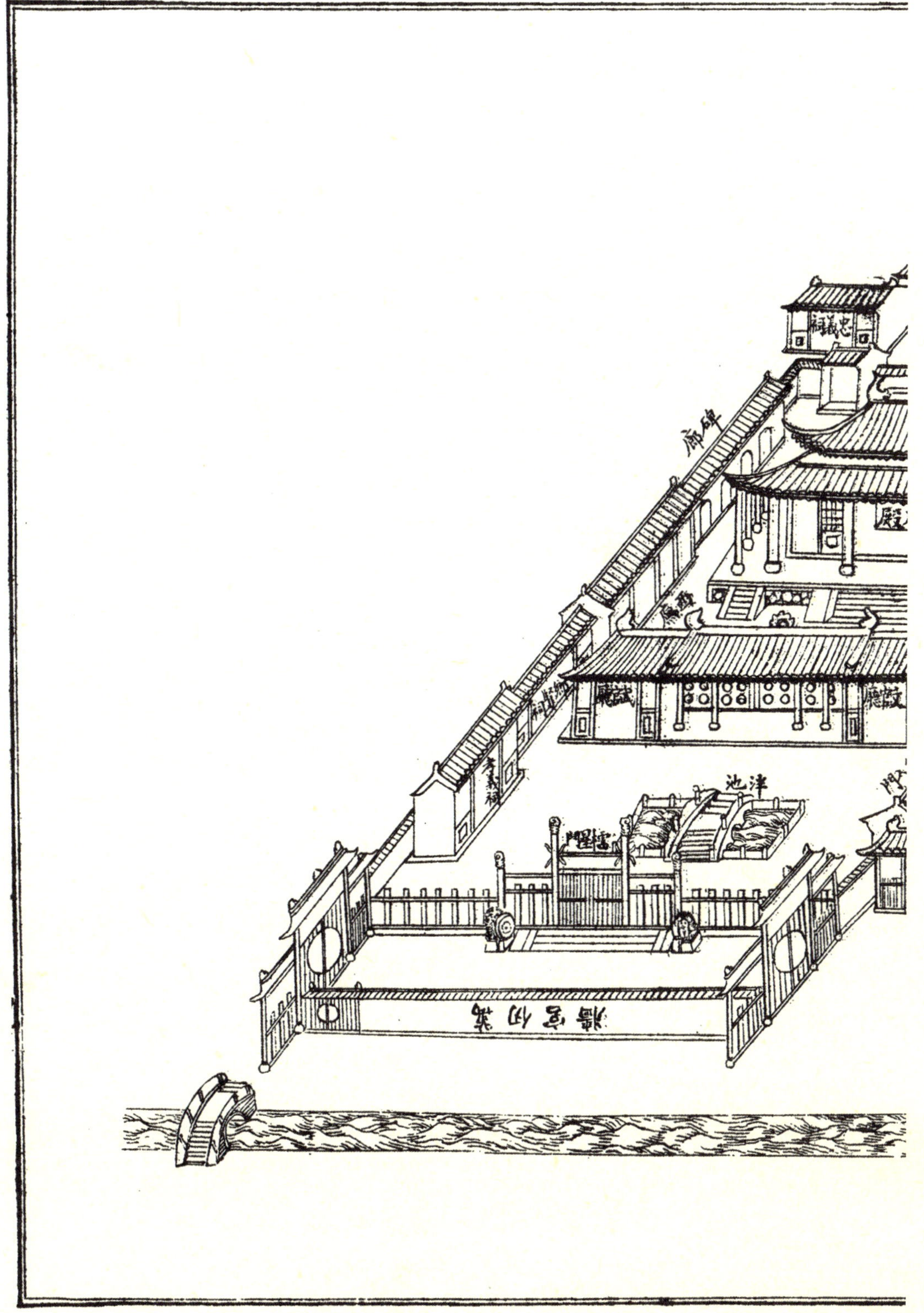
忠義祠
碑廊
殿
鄉賢祠
試廳
泮池
櫺星門
萬仞宮牆

上虞縣署圖

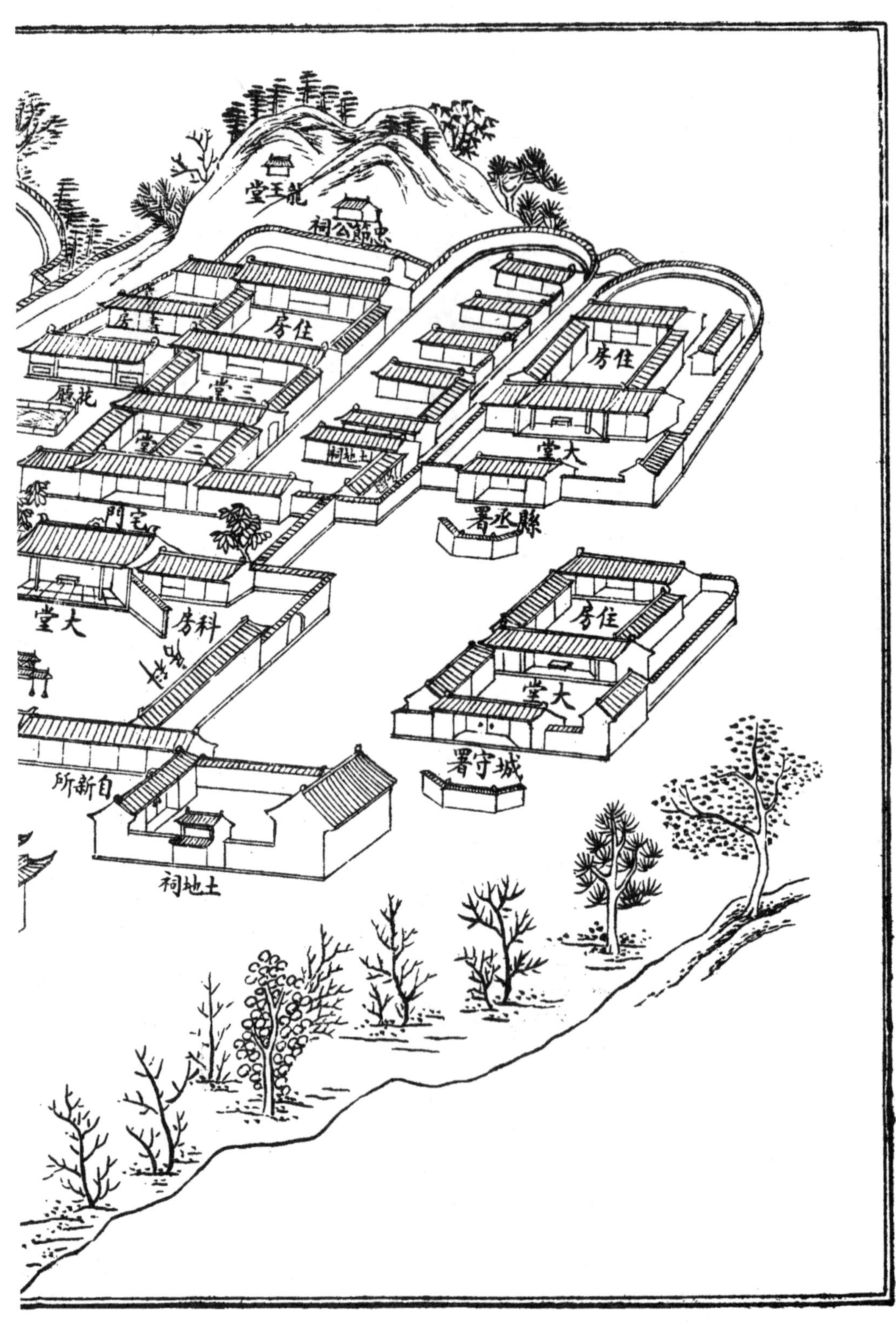

龍王堂
忠節公祠
住房
花廳
三堂
二堂
土地祠
住房
大堂
縣丞署
宅門
大堂
科房
住房
大堂
城守署
自新所
土地祠

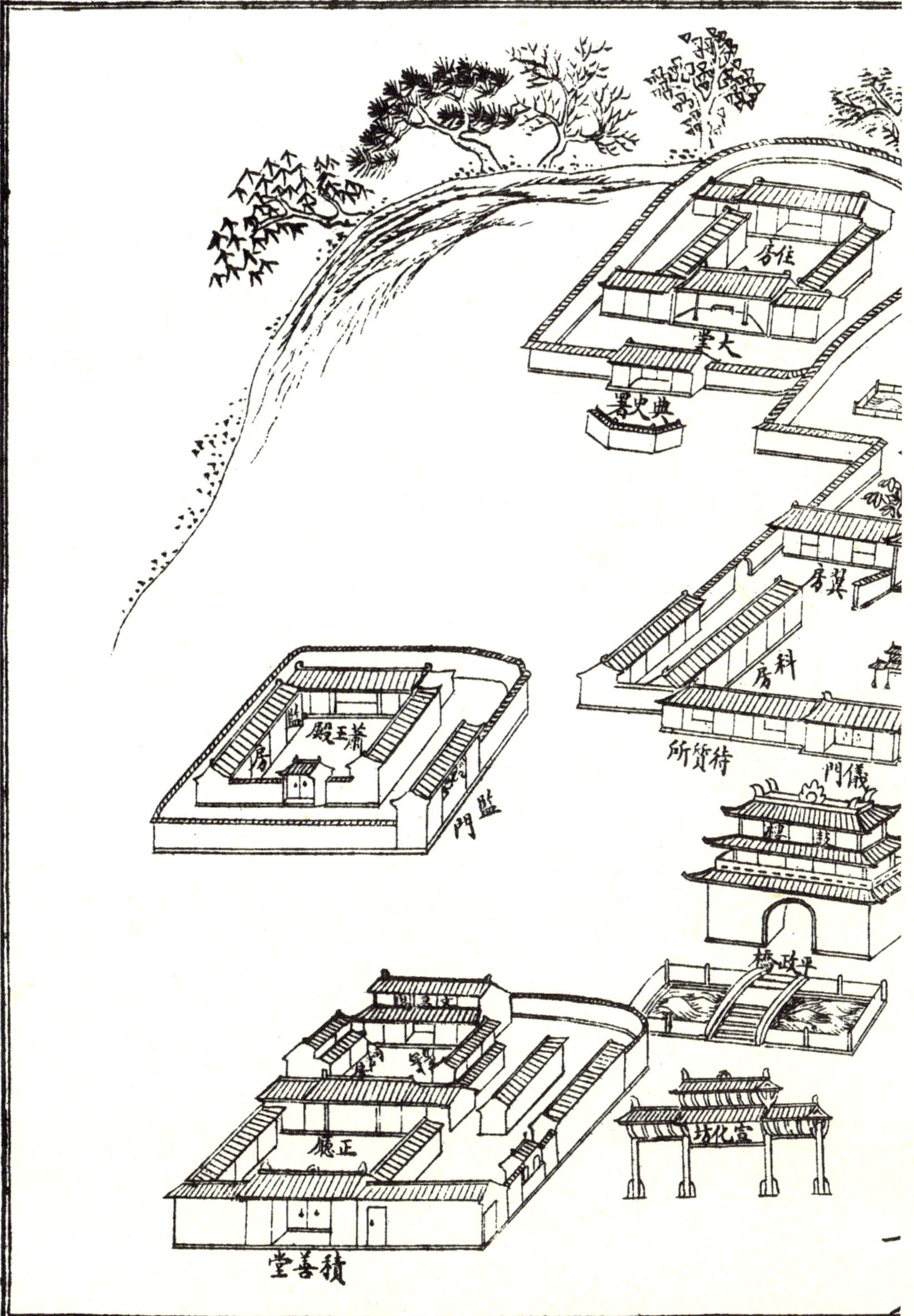
住房
大堂
典史署
蕭王殿
監房
監門
科房
待賓所
儀門
平政橋
宣化坊
正廳
積善堂

上虞經正書院圖

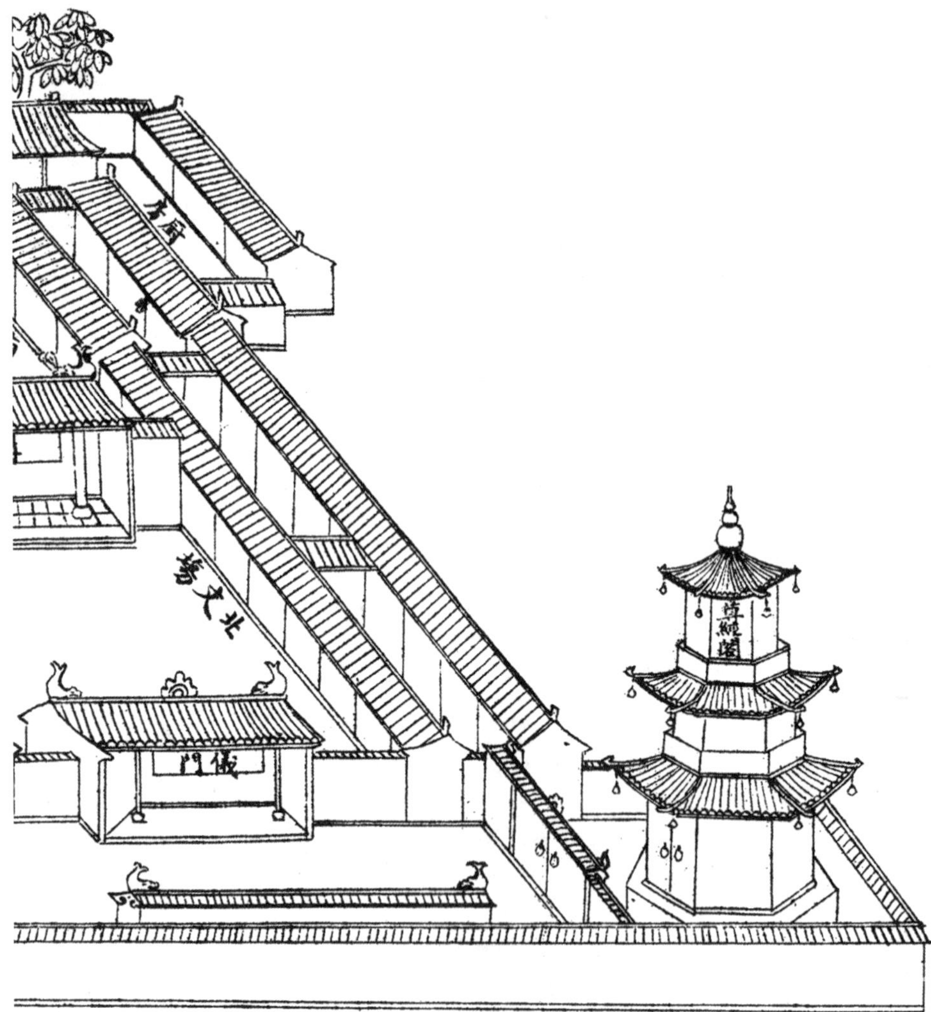
北文場
儀門
尊經閣

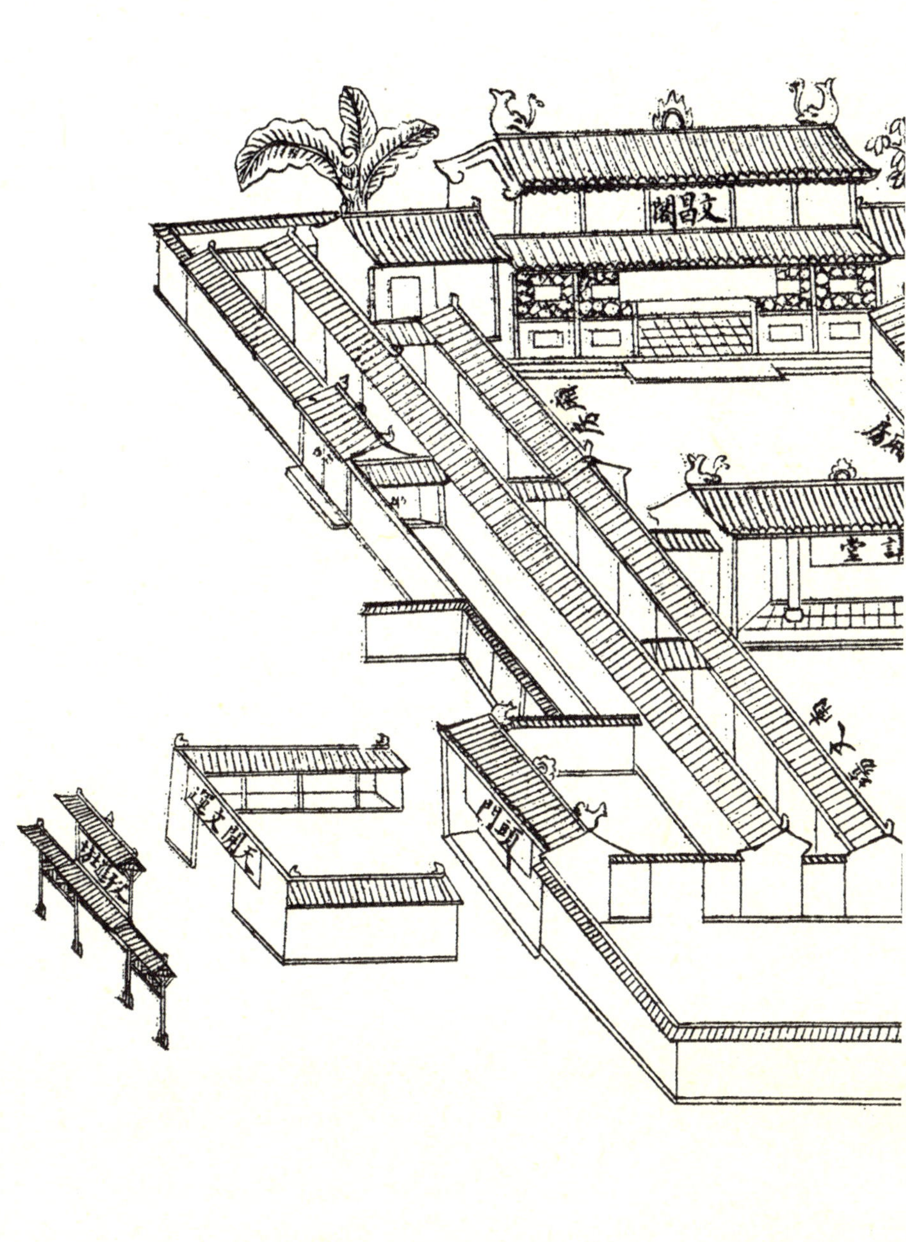
文昌閣
頭門

上虞縣志卷二

沿革表

歷代	統部	州郡	縣境
唐	荒服		舜避丹朱於此
虞	揚州之域		舜支庶封地
夏	揚州之域		
帝少康	揚州之域	於越	
商	因夏制		
周	揚州之域	越國	

秦始皇二十五年		會稽郡	上虞縣
漢		會稽郡	上虞縣
元封五年	揚州部	會稽郡	上虞縣
後漢永建四年	揚州部	會稽郡	上虞縣
			始甯縣
三國	吳	會稽郡	上虞縣
			始甯縣
晉太康元年	揚州	會稽郡	上虞縣
			始甯縣

時代	州	郡	縣
東晉	揚州	會稽國	上虞縣 始甯縣
咸和四年	揚州	鄶稽郡	上虞縣 始甯縣
宋永初元年	揚州	會稽郡	上虞縣 始甯縣
元嘉三十年	會州	會稽郡	上虞縣 始甯縣
孝建元年	東揚州	會稽郡	上虞縣

				始甯縣
大明三年	揚州	會稽郡	上虞縣	始甯縣
大明八年	東揚州	會稽郡	上虞縣	始甯縣
永光元年	揚州	會稽郡	上虞縣	始甯縣
齊	揚州	會稽郡	上虞縣	始甯縣

梁 普通五年	東揚州	會稽郡	上虞縣 始甯縣
太平元年	揚州	會稽郡	上虞縣 始甯縣
陳	揚州	會稽郡	上虞縣 始甯縣
天嘉三年	東揚州	會稽郡	上虞縣 始甯縣
隋 開皇九年	吳州總管府	吳州	縣廢

大業元年		越州	
三年		會稽郡	
唐 武德四年	越州總管府	越州	
七年	越州都督府	越州	
貞觀元年	江南道	越州	
開元二十一年	江南東道	越州	
天寶元年	江南東道	會稽郡	
乾元元年	浙江東道	越州	
大曆十四年	浙江西道併入	越州	

建中元年	浙江東道分	越州	
二年	浙江西道併入	越州	
貞元三年	浙江東道分	越州	上虞縣
長慶初年	浙江東道	越州	縣廢　後復置
中和三年		義勝軍	上虞縣
光啟三年		威勝軍	上虞縣
乾甯三年		鎮東軍	上虞縣
五代梁開平初年	吳越國	東府	上虞縣
宋太平興國三年		越州	上虞縣

至道三年	兩浙路	越州	上虞縣
大觀元年	浙東路	越州	上虞縣
紹興元年	兩浙路	紹興府	上虞縣
元	兩浙都督府 後立行中書省	紹興路	上虞縣
明	浙江承宣布政使司	紹興府	上虞縣
國朝	浙江省	紹興府	上虞縣

附攷

唐虞　舜支庶封地路史　舜避丹朱於此故以名縣百官從之故縣北有百官橋亦云舜與諸侯會事訖因相娛樂

故曰上虞水經注引晉太康三年地記

備稿案水經注述上虞命名之義本太康地記云舜避丹朱於此晉書地理志亦云雖與路史舜之支庶或食上虞之說皆無確據要未可臆斷其是非也存之以備考

夏　禹會諸侯於會稽相與虞樂於此十三州志禹與諸侯會事於此相與虞樂而名郡國志

備稿案十三州志及郡國志移虞舜之蹟屬之大禹則百官橋諸蹟又何以稱也其說妄誕姑錄之而附辨焉

商　因夏制一統志

周　揚州域越國一統志

備稿案國語句踐之地南至於句吳北至於禦兒東至於鄞西至於姑蔑則上虞地境當在四封之內

秦　屬會稽郡一統志秦上虞縣屬會稽郡清類天文分野之書

備稿案史記秦始皇二十五年定荆江南地降越君置會稽郡治吴立縣當在此時

漢　會稽郡上虞有仇亭漢書地理志故縣城漢縣今廢城在縣西大平寰宇記

備稿案南大吉郡志新莽時改上虞曰會稽建武初復舊

後漢　會稽郡上虞後漢書郡國志永建四年分上虞南鄉立始甯縣賀續會稽志

備稿案後漢順帝永建四年用會稽守周嘉議分浙江以西爲吴郡以東爲會稽上虞仍屬會稽也賀續會稽記云分上虞南鄉立始甯縣何承天志亦云漢末分上虞立晉太康三年地志同續漢書郡國志無此縣當以

何志爲是

吳　仍漢制一統志　會稽郡上虞漢舊縣吳侯國始甯三國疆域志

晉　會稽郡統縣上虞始甯晉書地理志

東晉　會稽國上虞漢舊縣始甯漢舊縣東晉疆域志

宋　會稽太守領上虞始甯宋書州郡志

齊　會稽郡上虞始甯南齊書州郡志

梁　同前一統志

陳　同前一統志

隋　廢上虞始甯入會稽隋書地理志

備稿案會稽縣志隋開皇九年平陳廢郡併山陰上虞始甯永興地置會稽縣是年改會稽郡爲吳州大業元年析會稽復立始甯是年改吳州爲越州尋復爲會稽郡　萬歷志作開皇元年廢入會稽嘉慶志從之蓋未深考也

唐　越州會稽郡上虞　上　貞元中析會稽置唐書地理志　長慶初廢入餘姚後復置移於此地太平寰宇記

萬歷志唐德宗貞元元年刺史王密奏請復析會稽置上虞長慶初併入餘姚後復置又唐書地理志高祖武德四年以剡與始甯爲嵊州八年州廢始甯復歸上虞是後無變革爲上縣

備稿案唐書地理志謂貞元中析置元和郡縣志謂貞元元年析置是矣而萬歷志云貞元元年刺史王密奏

請復置考府志職官王密係代宗時任去德宗貞元爲時尚早不知何據也又案寰宇記蘭芎山漁浦湖百官橋並載入餘姚引夏侯曾先地志曹娥亦爲餘姚人以上虞曾併入餘姚故也嘉慶志則列於上虞宏治府志謂舊治在百官市長慶中移治今所不惟併而復析而且廢置不常則疆界之袤廣分合不可考其詳矣

五代　仍唐制 一統志 東府越州領縣上虞 十國春秋

宋　越州上虞 望○太平寰宇記 紹興元年改州爲紹興府上虞 望○宋史地理志

元　至元十三年改府爲紹興路領縣上虞 上○元史地理志

明　浙江布政使司紹興府上虞縣 明史地理志

國朝　紹興府上虞縣 中缺 繁疲 會典 上虞縣屬紹興府編戶

一百四十二里浙江通志

萬歷志曰風土記舜東夷之人生於姚丘嬀水之汭指石之東姚丘丘本作桃丘又始甯界有舜所耕田今有吳北亭虞濱皆在小山裏去縣五十里對小江岸臨江山上有立石謂之指石俗呼舊公嶄郡國志云上虞有姚丘舜葬之所東又有谷林云舜生之地復有歷山舜耕於此而嘉禾降之太康地記云上虞爲舜避丹朱之所夏侯曾先地志云姚丘卽舜母握登感垂虹之祥生舜之地寰宇記云漁浦湖乃舜所漁處而江村之間又有東西赤岸舜井古陶重華石耀米石虹樣村等名皆舜側微之遺蹟說者因而信之謂舜生於虞豈司馬氏之記非耶至若闞駰十三州志謂禹會諸侯於會稽相與虞樂於此地府志云虞衡掌山澤之利於其上故名則又併舜蹟而去之豈諸說盡妄耶夫數千年以前之事而區區欲懸定於紙上無參驗而必之愚也不能必而信之誣也與其鑿爲一定之論不若兩傳而闕其疑虞之舜蹟雖多而姚嬀之名散見於諸書者若濮州有姚

邱西城有姚方姚墟杜佑謂舜生於此長沙有嬀水祝阿故縣有濼水俗稱娥姜上有舜廟下開大穴爲舜井兗之泗源有陶墟又有舜井其西阜號嬀亭山下澤方十五里爲舜漁處郡國志言陽城邑西有舜田而今潭之益陽岳之沅江梁之重華並有虞帝城藍山有舜水舜鄉偃師西北有舜廟舜井嬀水汭水而上谷記洛城西南亦有歷山及舜廟水經注云歷城歷山上有舜祠舜井爲舜所耕處鄭康成言舜耕歷山在河東漁雷澤在濟陰作什器於壽邱皇甫謐云壽邱在魯東門之北河濱即陶邱乃定陶西南鄉九域志謂濟南濮陽河中皆有歷山俱存祠廟而秦地池陽澧陽始甯上虞無錫並有之列子云舜耕河陽援神契云舜生姚墟應劭謂姚墟近雷澤寰宇記謂在雷澤縣東十三里而周處記言始甯界有舜所耕田山下多柞因謂櫪山以具區爲雷澤即據諸書舜蹟之在上虞者什伯之一耳夫舜雖大聖止於一身何其遺跡之多如此意者南巡時或爲駐蹕之故地陟方後或爲支庶之封邑民感其恩而子孫思表其德因隨在而立祠以祀之又想像其微時之

經歷者而指以名之則上虞之遺跡蓋其後裔報本反始而不忘乃祖之烈云爾以故宋華鎮云舜之後封於會稽羅泌云舜之支庶或食上虞晦庵朱子亦曰上虞餘姚二邑皆以舜名而虞之村墟特多舜蹟者疑其子孫所封當有見也不然百官者豈眞舜避丹朱之地而百官相率以迎者耶或云姚邱邱止見於虞不知姚墟陶邱古字通稱總一類而已又以虞世南對唐太宗云諸馮在東海濱而據晴日地生鹽之語以實者非也諸馮爲春秋之諸浮冀州之地司馬氏非無徵也使舜果生於虞則握登聖母必葬於虞舜爲天子矣宜必封其墓如後世帝王之陵寢大禹親承其統身履其鄉亦必爲之表章舊里如後之湯沐邑而史皆絕不聞何也若夫指象田爲有庳之蹟則益無涉象田乃唐天祐十三年吳越錢武肅王所命名爲禪院者也虞之人豈不欲顯附大聖人以光其桑梓之鄉顧事屬傳疑並無的證庸敢誣之郎如支庶所封亦不詳其何名始於何代而稍近實故從其說以竢後之博古者更參考焉

上虞縣志卷二

沿革表

上虞縣志卷三

職官表

上海圖書館藏

年代	知縣	縣丞	主簿	典史	教諭	訓導
秦	長	丞		尉		
	蕭閭					
漢	長	丞		尉	經師	
元嘉	度尙山陽湖陸人					
	辛敦					

吳

令

顧雍 吳郡人

太元

濮陽興 陳留人

劉綱 下邳人

尉

華覈 武進人

晉

令

顏含

主簿

部尉

	永和
瑯琊人 傅晞 泥陽人 周鵬舉 會稽人	華茂 徐祚之 東海郯人 王隨之

臨沂人
甘豐

宋

令

丞

部尉

王鎮之
臨沂人
王顒
虞季
餘姚人
卞延之

	泰始	齊	
濟陰宛句人	王晏 文靜 沈正 江湛之濟陽人	令	周洽汝南人

朝代	職	姓名
梁	令	徐陵 東海郯人
		陸昉
陳	令	景岌
		蕭九思
		池克恭
		劉孝綽

	隋	唐	大歷	寶歷
敬恕 賀拔儵 郁一		令		張名佚 元年任 金堯恭
		丞		
		主簿		
		尉	呂生	

	會昌	大中
二年任	王 名佚 三年任	崔 協 元年任 常 名佚 四年任 馬 名佚
	方 名佚	蔣 名佚
		羅 名佚 孫 名佚
	嚴 名佚 郭 名佚 周 名佚	李 名佚 鄭 名佚 第伍 名佚 沈 名佚 馬 名佚

	五代		長興	宋	乾德
藥思復　王昌裔	令	葛政一　瑯琊人	裴昌符	知縣	盧稽　仲贊善
胡名佚　字百篇				丞	
				主簿	
				尉	
				學官	

	慶歷	熙甯
裴煥	王存 丹陽人 謝育 陳彦臣 吳堯	
		張漸
		孫漸 馬季良 孫廣

元豐	元祐
劉損 長興人熙甯庚戌進士	余彥明 五年任　魏柄臣　張堂　吳著　西安人元祐戊
	張時憲 永嘉人元祐辛未進士　唐閶 山陰人
	何琢 五年任
	游充 四年任

辰進士

李景行

朱南强

安吉人

紹聖甲戌進士

蔣璘

錢翊

王興

戴延興

年號	第一欄	第二欄	第三欄	第四欄
	趙子珉 熊挺			
政和	席彥稷 字相伸 三年任 詹從儉 謝思德 姜埃 朱俊	江公亮 新定人 元符庚辰進士 三年任	孫衍 字廣伯 三年任	方申伯 向泳 字道源 三年任
靖康	張轔			

濟南人
元年任

建炎

陳休錫
三年任

丁隲

紹興

趙不摇

王恕

張彥聲

郁潔

宣直道

婁寅亮永嘉人
元年任

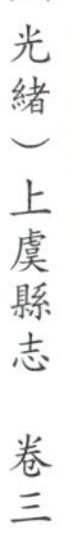

王思

林霔

張紘

柯若欽

錢康

葉顒

興化遊人

遷二十四年任

趙澄

周榿

俞翊

方溥

張恕

乾道

錢似之

韓康卿

章駒

鄭南

歸安人

紹興甲

沈遷
臨海人
乾道已
丑進
士

沈渙
定海人
乾道已
丑進
士

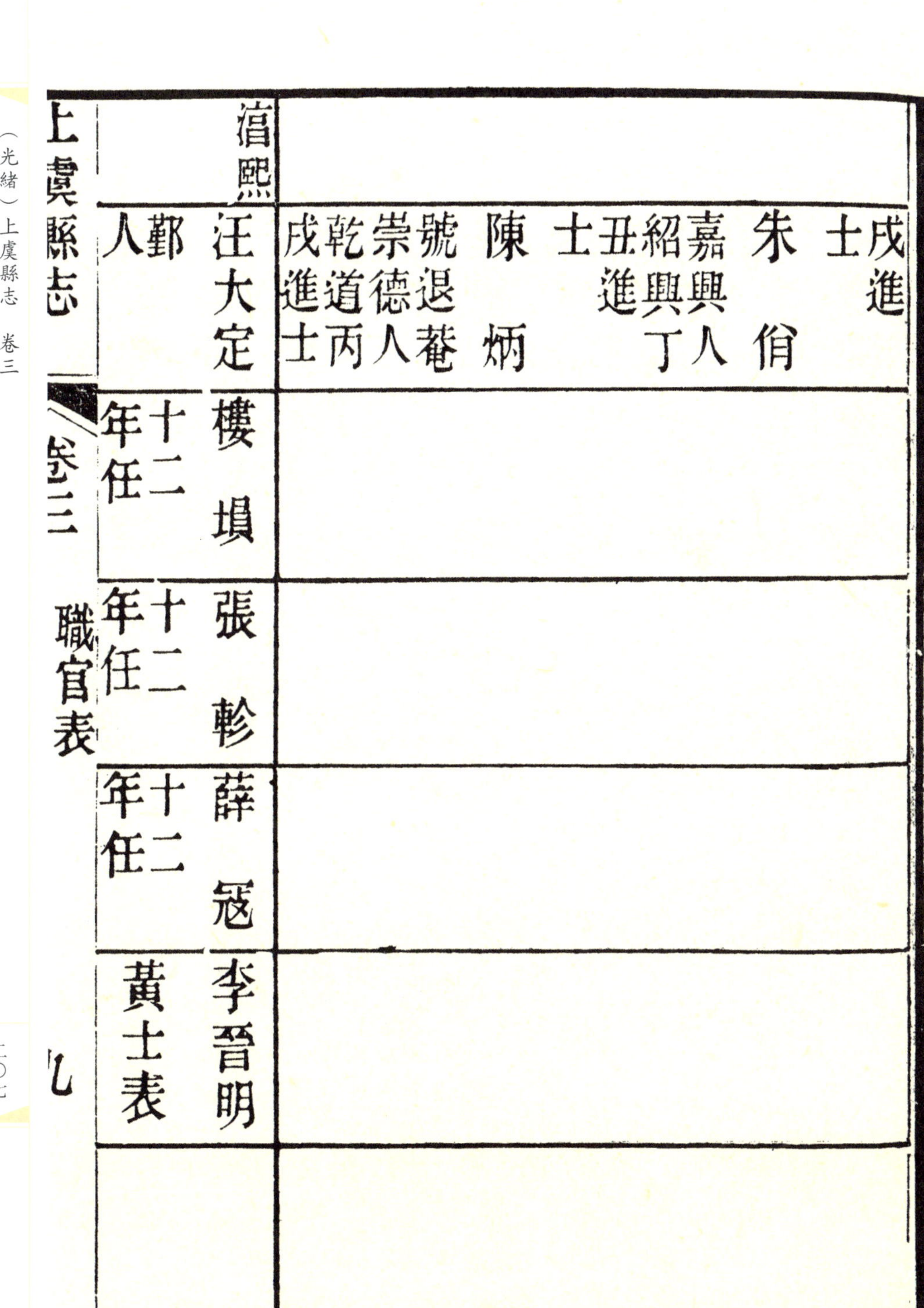

	淳熙
戊進士　朱佾 嘉興人紹興丁丑進士　陳炳 號退菴崇德人乾道丙戌進士	汪大定 鄞人
	樓塤 十二年任
	張軫 十二年任
	薛冠 十二年任
	李晉明 黃士表

何楷
劉筥
吳興人十一年任
戴闓之
永嘉人淯熙乙未進士十五年任
商飛卿

樓淯
字質夫鄞人
郭契敷
襄邑人
王濤
姜邽
范承家
張偘
周大受

蘇名佚
孟致中

李孟陽
劉溫舒
劉昌朝
張集父

	慶元
字翬仲臨海人淳熙乙未進士 葉元泳 顒之子	林谷 施廣求 王檝 陳偲 張佺齡
張元需 汴人 王寶 陳祿	
	錢觀光 瑞安人紹熙庚戌進士

	嘉泰	嘉定
鄭杭 趙希惠 孫逢吉 鄞人慶元乙卯進士		袁君儒 粱鑰 季湛
	錢績	薛師曾 十七年任

樓　杓　四明人十七年任

高衍孫　四明人

紹定

趙希賢

胡　爟

蓋　溥

趙汝珦

	嘉熙
劉常先 三衢人 趙希悅 何宗斐 趙希均	
	楊珏 字君寶鄞人紹定二年進士 周伯起

淳祐	寶祐
魏珉 七年任	趙時繳 鄞人
史一之 字子貫 鄞人	
陳寅	
盛天錫	
趙崇康	

張瑞秀

景定

廖由

二年

任

張志立

陳漢

丙曾

孫

趙若璘

陳阜

蜀陵

陽人

	咸淳	元	至元
徐松 陳漢	王璲 元年任 陳迪 趙安仁	達魯花赤	烏馬兒 二十一年任
		尹	展熙 二十一年任
	趙孟直 一名孟誂鄞人	主簿	孟逞 余自明
		尉	吳源 張興
		典史	沈浩 貝處仁
		教諭	方仲達 餘姚人

火你赤　二十五年任
瞻思丁　二十八年任
阿魯不思

李文道　二十五年任
王璘　臨沂人
趙泰
朱文魁

二十五年任
朱字羅歹
粘割貞

二十四年任
馬鯨
王政
楊誠

苗德實
蔣新
朱瑞
王瑞
王顯
趙璧
葉懋
毛克己
王翼

黄廷韶
三山人
黄和中
字仲容號秋畦邑人
二十七年任
李炎午
蜀人
徐公著
錢唐人

吳文慶	趙與權
李　雄	三山人
徐文華	陸時舉
鄭元慶	婺人
湯國清	張　烝
張　彬	錢唐人
徐天麟	談志道
陳　拱	越人
吳　貴	史范卿

鄞人
張酉先　餘姚人
趙文炳　鄒人
汪與懋　鄞人
王叔毅　暨陽人

大德
兀合赤　馬合麻　阿里牙荅　思　速來蠻沙　忻都
阮惟貞（金臺人七年任）　張鑑　李德　曹濟　韓僊　徐貞
時鑑（三年任）　木八剌沙　相京　孫彧　燕桂卿　楊天佐　李家奴才　寶
阿里　朱晉臣　翟諒　翟居德　耿聰　劉仁　陳甫　木八剌沙　趙元齡
喩舉（越人）　任士林（字叔實奉化人七年任）　周師式（鄞人）　唐定（金華人）

張光祖 沙的

宛邱人 袁居敬

厲和甫 天台人 嚴重 鄞人 陳紹參 奉化人 林景仁 大台人 張謙

至治

馬思忽　元年任

金剛奴

張垕　成都人

孫文煥　南陽人　二年任

三衢人

項鼎之　永嘉人

繆元果　天台人

泰定

伯帖木兒	許思忠	也先忽都	
帖木赤	蕭思温	曾	
忙古歹	王　肅	二年任	
忽禿魯沙		葉　瑞	

郎　榮	戴　俞
翁鍾英	三衢人　二年任
葉　迪	潘國賓
周善富	永嘉人
劉　榮	金　鉞
王君裕	永嘉人
周德允	史公頤
王允中	鄞人
高文華	王　蘅

湯國璿

駱天澤

張慶富

金華人

柳元珪

邑人

胡德輔

越人

施澤

金華人

徐景熙

西安人舉經明行修

	至順	元統
	阿散 元年任 賈謙	丁允文 二年任
金克讓 三衢人 孫去棘 鄞人		

至元	至正
	偰列圖 七年任 佛家奴 買閭
智紹先 鎮江鑫吾人二年任 張朶兒列歹	李好義 字致道保定人二年任 于嗣宗
海魯丁 金臺人元年任 馬合麻 史潤祖 京兆人	列古沙 三年任 李敏 十年任
董祥 河間人三年任 張學祖 鄭仲賢	楊孟文 吳質 十年任 曹處恭
	徐文燕 十年任 王世英 連璧
	朱檠 慈谿人十一年任 陳子翬

錢唐人六年任
張叔温
雲中人七年任
林希元
福建人至正壬辰進士十一年任
李睿
武平人十六年任

王應成
李珪
朱珍

酈士銑

陶一煜

奉化人十四年任
陳友諒
汪名佚
餘姚人
鄭桐
餘姚人
胡璉
餘姚人

韓諫
天台人
十八年
任

朱克恭
聞喜
人

王芳
字惟芳
黃巖人
二十二
年任

陶煜

郭溥
鄞人

黃巖人

張庸　慈谿人

沈煜

明

洪武

知縣

趙允文　山東鄆城人，元年任

范麟

縣丞

賈企

達貫道　五年任

蕭伯成

主簿

白惟奴

韓雲

史文郁　四年任

典史

倪弼

王政

楊澄

蕭政

教諭

孫叔正

孫思忠

李文仲

朱昇

訓導

任素　邑人

黃韶　邑人

張易	黃友直	王惠	王子良	張昱	李惟中			
魏季清	馬志文	張名	吳敏學					
崔子敬	李煦	徐煥文	姚文用	姚德衡	侯溥	李彬		
師高昌	張毅	林原						
字彥升無錫人	霍敬	盛安	丹徒人	陳英	號晨山安福人			
薛文舉	邑人	俞尙禮	邑人	臧元安	會稽人	趙鳴玉	會稽人	夏暀

邑人

建文

馬駉 蘇州人元年任

胡文煥 餘姚人

胡敏 鳳陽定遠人四年任

薛恭

陳仕 二年任

永樂

楊奐

田玉

夏令

譚清

魏福

陳謨

（前頁續）	宣德
袁州萬載人八年任　鄭行簡歙縣人永樂乙未進士　楊澄湖廣漢陽人貢生	黄綜　吳倖
陸和　林東長	趙智　呂洪
劉仲環	方端
	張智鳳陽人
建安人　薛常生邑人	黄榮應天人
邑人　陳秉文	王衡宜興人

字以廉松江人三年任

湯振 撫甯人

張準 滄州人

趙濟

康勉 上海人

郭惟中 龍泉人

正統

李景華 東莞人

曾昂 四川銅梁人正統壬戌進士

毛誠

張瑾 清河人

閻誠

姜文華

胡浩 儀封人

曹巨川 泰和人

何林洪 閩人

景泰	房蔡 唐啟 金谿人 四年任	李璋 甯國人 陳榮 閩縣人	田茂 周澄 字原潔 巴陵人	尹宏 沭陽人	盛景 金華人 舉人 顧璉 安福人	楊瓛 長洲人
天順	蕭宏 字克裕 武岡州人 吉惠 字澤民 丹徒人	田玉	賀珣 黃隆	陳釗 高郵人 譚瀛	曾用濟	朱復 莆田人 歐陽進 安福人
成化	黃錦	蔣仕欣	何進	傅海	高應	惠榮

宏治

鄭州人 謝綱 欒州人 邢昊 字仲高華亭人丙子舉人十年任 史俊 林球

雷福

林欽

欒州人

淮安人舉人 趙泰 安福人 劉唯貫 安福人 陳仲堅 馬慶 淮安人舉人 李長源

長洲人舉人 方公瓚 莆田人 朱豫 安福人 潘貴 羅清 荆門人 陳繹

東莞人元年任
涂縉　新城人
蘇奎　常熟人
陳祥　字應和宏治壬戌進士十六年任

南昌人
張煬　新建人
張邦憲　宜興人

漳州人
陳恕
王恂

莆田人
曹佾　武進人
趙勣　常熟人舉人

王浴沂　長樂人
蕭充　鄱陽人
張伏　婺源人
陸嘉鯉　桂林人舉人
陳怡

汪度　字洪夫，徽州績溪人，十八年任

鄱陽人

王朝臣　安福人，舉人

正德

陳賢　長樂人

伍希儒　字汝真，安福人，進士，十一年任

劉近光

劉文華　安福人

屈必登　歸州人

陳昂　江夏人

劉一中　衛儒

王文室　太原人

陳紹皐　延平人

張翰

楊詔　豐城人

穆崧

胡傑　臨桂人，舉人

陳轍　閩縣人，舉人

鄭深

左璧　涇縣人

王思明

符璽　新喻人

三三

嘉靖

字汝敬盧陵人進士十二年任　陳獻文　陳大蔆長樂人　楊紹芳歷城人進士三年任　江南

陳大道四川人進士　楊岱建甯人　陳世文潛山人　陳采

蔣士欣　鄭瓏　林子良　張得陝西人　夏曦長洲人　胡坤

袁震　劉相莆田人　吳鳴鳳蘇州人　陽美　潘正海

白經　儀眞人舉人　虞楚　鄱陽人　張全婺源人舉人　嚴潮

易文元桂林人舉人　彭英　萬安人歲貢　陸翔太倉人　吳演新建人十六年任　林應鴻

山東濟陽人九年任
左傑　字木泉恩縣人八年任
張光祖　潁州人十四年任
鄭芸　莆田人十六年任

華亭人
蔡鏜
曹博　長洲人
王萬珀
韓梅
李守玉
林廷枌　號小山閩人

號明山

俞桂　興化人
徐廷芳
林泰
張實

松溪人舉人三十三年任
邵達道　都昌人
趙大華　號四樵莆田人舉人
葉壽春　太倉人

福甯人
桂薰　贛縣人
夏粱　溆浦人
曾舟　號清溪泰和人
王守業　甯陽人

莫踰矩 桂林人
陳大賓 號見吾江陵人進士二十三年任
孫名佚
熊潢 字少山南昌人

傅誘
蕭與成 號茜川太倉人
李懷治 號紹坡晉江人

葉廷模 號立齋海陽人舉人
陳思學 雲南人舉人
劉田 長洲人舉人
張濤 來安人

王仁諫 泰和人
張會 分宜人
周廷誥 巢縣人
唐敏 號華溪上海人
孫榮職

舉人二十九年任

陳治安 貴州人

張書紳 號雨山常熟人三十三年任

羅尚德 字希容臨汾人

鄭州人

朱　黻 宜春人

嘉靖丙辰進士三十六年署任

李邦義

連州人進士三十六年任

林仰成

四十年署任

楊文明

南昌人四十一

年	任
隆慶	熊汝器　字成吾，南昌人，嘉靖乙丑進士，三年任 謝良琦　武進人，隆慶戊辰進士 林琛
	馬如龍　太倉人，三年任 王錬　枝江人
	劉自新　大庾人
	林九思　莆田人
	劉瑱　臨江人 何天德　宣化人，舉人 李綸　長洲人
	金九臯　字聞野，武進人 俞寅　號清菴，無錫人 張文炳　江陵人 宋應奎　雩都人

	萬歷
	林廷植福清人進士元年任 賀逢舜字潤南弋陽人
	濮陽傅廣德人貢生五年任 周德恒涇陽人 徐紳
	閔廷才 周邦相安福人 喻棟 張鳴鳳
	鄒仲篪東莞人 史曦金壇人 程世舉
	朱信亮南昌人舉人五年任 李志寵晉江人舉人
馮瑤費縣人 龍子甲陝西人	朱灝清遠人 張宣台州人 張仲河

七年任
朱維藩字价卿號貞石淮安人萬歷丁丑進士十年任
蔡淑逵合肥人十六年任
楊爲棟

上元人
周時武長洲人
郭希昉
鄒正己
張夢蛟壽州人選貢
勞崇法南海人

陳懋科
程以達
謝承嗣
石應蝷
儲統祚三十七年任

甯國人
陳時善
湛汝魁贛縣人
陳舜田銅陵人
張志艮丹徒人
樊漢

楊麟邵武人萬歷九年正月任
程克昌星子人舉人
張羽浦江人
徐子喬德清人貢生

東莞人
戴士完鄞縣人
謝璿建安人舉人
武順先來安人
章文烝石埭人

字伯隆綦江人萬曆己丑進士十九年任
黃名佚
胡思伸績溪人萬曆乙未進士二十四年任
徐待聘

陳一柱
陳夢蘗惠安人
舒恂荊門州人
陶民瞻三十七年任

上海人
吳顯三十七年任
謝國徵華亭人

温汝舟烏程人二十年任
陳膺番禺人舉人
楊于朝雲南人
張列辰辰州人

蔣良知東陽人
范光宙崇德人
陸官崇德人
尤存古麗水人
周文思

常熟人萬歷辛丑進士三十二年任

王同謙湖廣黃州人進士三十七年任

文三俊號二仰福建籍舒城人萬歷庚

馬明瑞平湖人舉人三十四年任

金仲卿東陽人萬歷丁酉舉人

程湛昌化人貢生

但調元

臨海人

李培嘉興人

蔣明臣溧陽人

馮時薦

汪金潁字月壺歲貢

林士善

戊進士

鄒復宣
江西人萬歷癸丑進士

錢應華
號堅白江西清江人進士

星子人舉人

梁一孚
温州人舉人

丁汝驤
仁和人萬歷戊午舉人

吳陶和
字玉林鄞縣人舉人

字尚友台州人

歲貢

潘自鎔

歲貢

劉進官
遼東人歲貢

章惟學
歲貢

黃閱

	天啟
	范鑛 號我蘧 四川人 何涼 號不炎 四川人 天啟壬戌進士
	周冕 貢 生 黃金章 湖廣人 貢生
俞咨益 嘉興人 歲貢 王有悌 金華人 歲貢	張立中 字躍如 建德人 天啟辛酉舉人 壬戌會試副榜
麻城人 歲貢 周立本 奉化人	

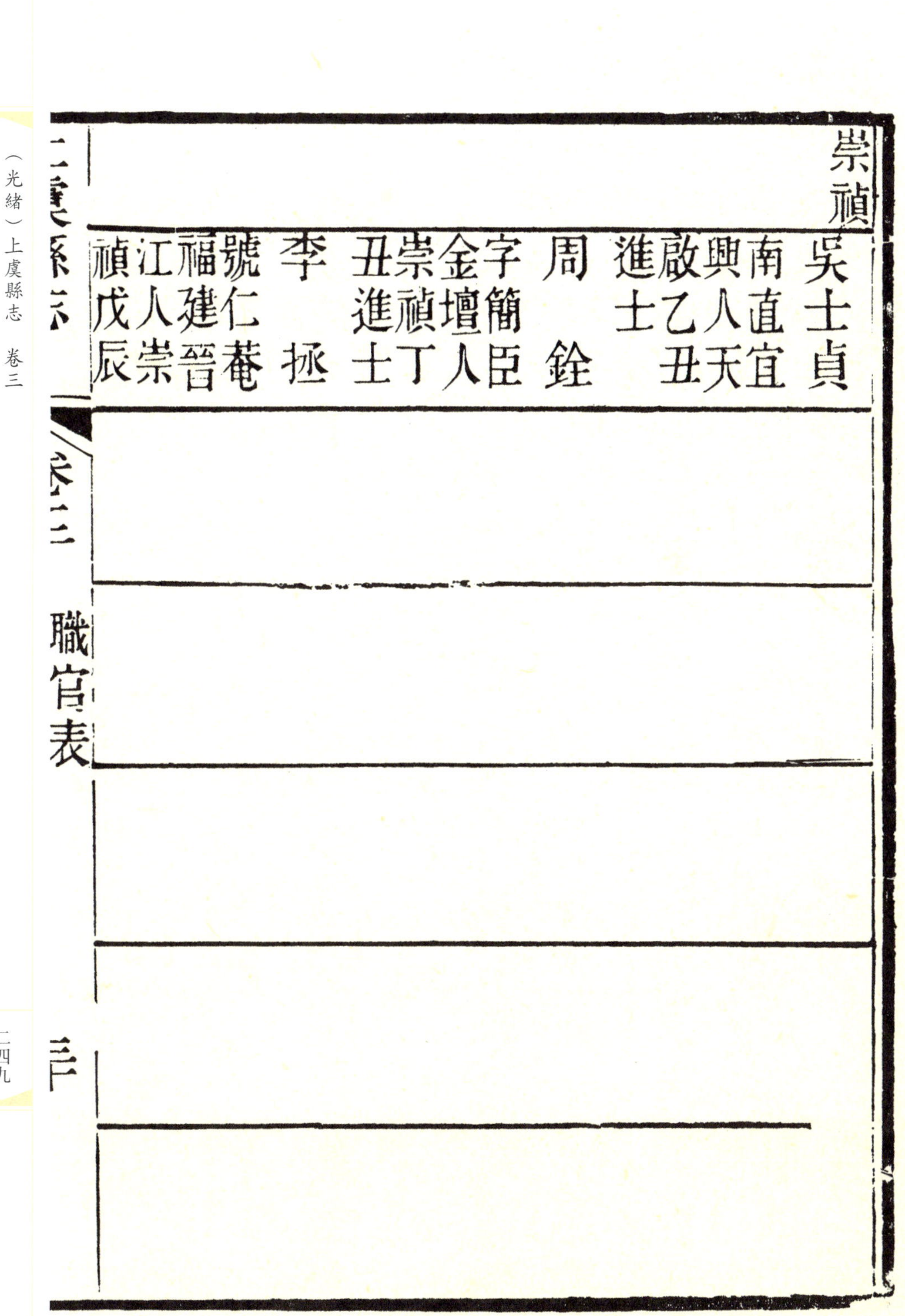

崇禎
吳士貞南直宜興人天啟乙丑進士
周銓字簡臣金壇人崇禎丁丑進士
李拯號仁菴福建晉江人崇禎戊辰

進士

余颺 字賡之莆田人崇禎丁丑進士

孫槃 號北海淮安鹽城人崇禎癸未進士

國朝

順治

知縣	朱應鯤號子魚江南崑山人	劉方至山東人	施鳳翼字子翔江南上元人崇禎壬午
縣丞	梁尊孟順天人	沈一道湖廣人	范文炳廣平人
巡檢			
典史	竇生彩陝西人	孫晟直隸人	喬福壽陝西富平人
教諭	吳一鳳會稽人	王元宰歲貢	宋可成於潛人歲貢
	王允頴西安人歲貢		
訓導	林國璋歲貢	陸鴻渚龍游人歲貢	

舉人順
治丙戌
進士

邊算勝
河南人
貢生

張元鎮
號翰日
山東單
縣人順
治丙戌
進士

耿宗壎

樊王圖
常山人
歲貢

李煜
湖南人
拔貢

樓立尊
浦江人
歲貢

湖南黃岡人貢生

劉珂

字玉可陝西人舉人

陳鶴徵

號青田江南常熟人監生順治十四年任

康熙

蔡覺春 河南人貢生
高之蕙 號繼樸北直霸州人舉人
鄭僑 號博物北直祈州人順治辛丑進士十年任

吳緒揚 湖廣鄖陽人貢生
王衡才 陝西神木人拔貢
嚴阜 福清人
常師善

王朝相 直隷人
張鳳麒 陝西富平人
李茂隆 陝西人
張載 直隷人
劉子孟

姜岳佐 慈谿人原籍餘姚順治丁酉舉人
汪培錫 錢塘人原籍休寧廩貢生
沈璜 石門人

何應韶 桐廬人
董允雯 鄞縣人
施之傑 字留侯天台人
董奕相 字梁禹烏程人歲貢

許宏道 字聖功旗人舉人十七年任	趙廷英 陝西人	潘兆元 山東兗州人	江來泰 旗人		
通州人	丁　宏 大興人	林卿授 侯官人	王承榮 旗人	尤　正	劉維燕
山東人	唐學曾 山東人	梁統宗 山西人	陳　豫 直隸人	葉文松 直隸人	
張念仔 慈谿人	徐德恂 秀水人	徐剛振 字子大號芝川海鹽人康熙壬子舉人三十八年任			
吾　浩 平湖人	沈寅曾 湖州人歲貢五十二年任				

萬中一
四川中江人舉人

張　珣
號青巖山西汾陽人

陶爾璲
號韻儒江蘇華亭人康熙辛未

繆金銘
元和人

鍾鳴盛
嘉應州人

鄭鈞國
永清人

虞景堯
嘉興人

金廷石
海鹽人

虞光鳳
錢塘人康熙癸酉舉人五十四年任

沈　敏

紹興大典　◎　史部

進士
劉義
旗人
龍科寶
江西永新人舉人
胡具瞻
康熙戊子冬署任

德清人康熙丙子舉人五十七年任

李沐山東武定州人康熙癸未進士

劉元溥山西安邑人舉人

王國樑旗人歲貢康熙五十七年由山

雍正

陰署任

虞景星　字東皐江南金壇人康熙壬辰進士

許一鼎

許藎臣

福建侯官人舉人雍正五年署

熊達聯

李大集

王啟緒　遂昌人恩貢六年任

毛家成　五年任

高潤　七年任

池崇約

黃巖人歲貢十一年任

任

徐志定

晉德慧 字維喆號簪山當塗人雍正癸卯拔貢考取教習

張立行 貴州銅仁人舉

人
陳鴻斌

乾隆

鄒洪
彭紹堂
邱肇熊　江西宜黃人乾隆丙辰進士二年任
陸儀

施明性
字敬存青陽人十七年任
曾宗揚　龍南人二十六年任
楊源生

孫惠
馮孝本
黎學富
孫崑
程理
周璜
陳應蕙

謝登元　鎮遠人二十二年任
方綰　普安人監生十六年任
江樫業

錢耀軫　字東聚桐鄉人雍正乙卯舉人六年任
范邦和　字愉堂仁和人乾隆甲子舉人

朱裳　海甯人貢生七年任
孟修彩　松陽人歲貢十一年任
董宏亮

宗紹羲
張逢堯直隸滄州人舉人
呂大雲口紅旗漢軍
任寵錫字仕治
劉維燕

定遠人拔貢二十八年任
顏光照長洲人監生三十年任
孫元淵
周丕
長洲人監生四十五年任

崔肯堂
王金輅
李賡濬
蔣邑甯
蔣大經
顧學元
饒懷珍字瑤圃宛平人議敘

山東即墨人監生三十年任
汪大鰲江蘇元和人三十四年任
王德棻太倉人五十一年任
倪文照

二十七年任
吳基
嘉興人廪貢四十五年任
胡德炘平湖人乾隆丙子舉人五十三年任
汪國

甯海人歲貢十九年任
蔣元錡嘉興人優貢二十四年任
董宏亮三十五年補任
施純熙錢塘人乾隆壬

江蘇武進人監生十二年任

施繩武字韓起崇明人十二年以分司署任

陳宗功廣東嘉應州人舉人

李干霄永年人監生五十二年任

韓蜚聲鉛山人監生五十三年任

王燮武進人監生五十五年任

段懷忠大興人議敘

李元斗廣德州人

江油人監生五十三年任

鄞縣人乾隆丁酉舉人五十六年任

呂丹桂號香圃嘉善人乾隆庚寅舉人五十七年任

午舉人四十年任

沈肇淇嘉興人廪貢五十二年任

蔣潤署任

李輔德

趙選進士

杜首瀛字武子山西太谷人乾隆壬申進士

柴理	河東人	由諸暨	縣丞	署任	賴正中	福建人	舉人	黃福	江西新城人乾隆己未進士二十二年任

常青岳直隸交河人舉人二十六年以同知署任

莊綸渭字對樵江南武進人乾隆壬戌進士二十六年署任

劉臻

二十八年署任

吳至愉

江蘇震澤人監生二十八年署任

冉士道

四川人附貢二十九年任

多澤厚字載軒直隸阜城人舉人由餘姚署任

孫震三十二年署任

盧兆麟河南滑縣人進士三十二年任

顏光照

邑丞署任

蕭超羣

四川德陽人監生三十三年由山陰丞署任

李珠林

直隸任邱人進士三十四年任

陳瑞枝 奉天鑲紅旗人改入鎮江丹徒籍三十五年署任

王廷棟 貴州大定人舉人三十五年任

孔繼睿

山東曲阜人舉人三十六年任

朱樹桂

江蘇沛縣人監生三十八年任

王怡

四川酆都人舉人三十九年任

范思敬

崇安人拔貢
呂文煥廣東新會人廩生
鄧雲龍號仙池山東堂邑人拔貢四十年任
宋猶龍

長垣人貢生
方受疇
安徽桐城人監生四十七年署任
鄒宏贊
江西廬陵人監生四十八年任
朱太曾

監生

繆汝和　字協衷號澹園江蘇江陰人乾隆癸卯舉人五十三年署任

伍士備　廣東新興人舉人五十四年任

蔣重耀　江蘇陽湖人副貢

李廷輝　安徽合肥人舉人

李載文

詹錫齡　江西安義人進

十五十九年任

李岱 字魯山福建光澤人舉人六十年署任

嘉慶

方維翰 號蓮塘順天大興人監生二年署任

何元湻 大興人

孫瑀 湖陽人

陳瀛

張鈺

鄧嗣英 江蘇吳縣人六

林欣堂

鄒淇左 字百泉金匱人

諸以萊 仁和人乾隆丁酉舉人元年任

張萬傑 分水人歲貢五年任

王映青

詹錫齡三年復任　陳鶴瑞號葵齋監生五年署任　張樞六年署任　魏夔龍山東德州人舉

傅如岡字祝三如皋人

年任　唐汝湆

黃巖人拔貢十一年任　盛炳章慈谿人廩貢　嚴正學蘭谿人乾隆甲寅舉人舉孝廉方正十二年任

人七年署任

陽重六八年署任

崔鳴玉字樂成號崑圃直隸獻縣人舉人八年十月任

孫瑀江南人九年八

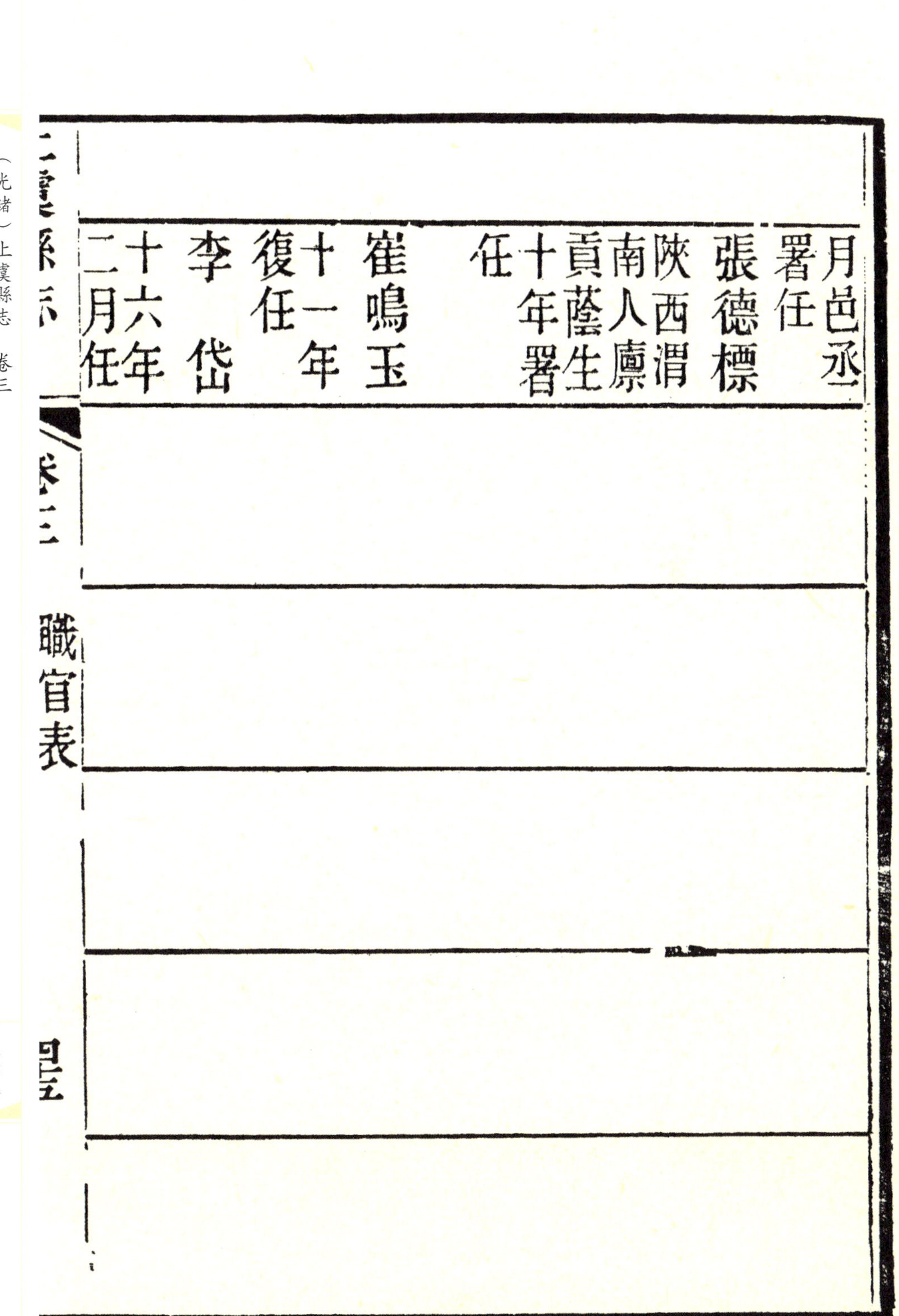

月邑丞署任

張德標陝西渭南人廪貢蔭生十年署任

崔鳴玉十一年復任

李岱十六年二月任

楊魯生 常州八十八年七月以候補通判署任

劉大煊 四川廣安州八王嘉慶壬戌進士十九年十二月閏二月任

向啟昌

四川人二十一年七月署任

謝肇漣

江西人二十三年四月由山陰縣丞署任

李宗傳

安徽桐城人舉人二十三年四

月任

陳豐

二十三年七月以候補縣丞署任

蕭蔚源

湖北八舉人二十四年七月署任

道光

鄒逢慶 湖南桐鄉人吏目道光元年七月署任 傅如岡 本邑縣丞元年七月署任 吳錫疇 福建人舉人元

趙景銘 號鶴泉常熟人十三年任

張用錫 號質方桐城人議敘十四年任 唐觀 張用錫 復任 方理 郭郁棠 馬國興

袁廷舉 河南新蔡人 顧錫光 曹燮 號棨祥宛平人議敘十六年任

阮兆熊 號柳堂慈谿人嘉慶戊辰舉人 夏禹源 號仙槎温州人嘉慶庚午舉人 徐廷鑾 號鸞坡石門人廩貢

汪彭模 號聽帆 丁釗 號竹南嘉善人舉人二十年任

年九月署任

錢東垣 號亦軒太倉州人舉人元年十一月任

吳嵰 江蘇常熟人二年七月以南塘通判署任

黃如琳 號芙洲江蘇華亭人二十九年九月任

謝漢 號廣甫嘉善人道光乙酉舉人

傅如岡　三年十二月復署	周　鏞　號序東，湖北漢川人，道光壬午進士，四年正月任	傅如岡　七年七月復署
秀　山		

正黃旗人七年七月署任

鄭錦聲

福建人舉人八月署任

詹璧

號藕香江西安義人舉人九年五月任

蔣夔　十一年七月以按經歷署任

楊溯泩　號春帆，雲南雲龍州人。十一年十二月署任

傅如岡　十二年十月復

署

萬啟豐　江西人舉人十二年十一月署任

師長治　字策安號理卿陝西韓城人舉人十三年二月

任

譚朝貫

會稽東江場十四年七月署任

徐延勳

本府經歷十五年閏六月署任

蔣錫孫

前天台縣十五

年七月署任

毓秀 號晴桐漢軍鑲黃旗人十五年十二月任

龍澤澔 號春皋湖南桃源人十八年七月署任

劉廣渭　號介江奉天義州人拔貢二十年十二月任

戴堅

號竹坡江蘇元和人由通州判三年閏十七月署任

劉廣湄 二十四年四月復任

孫欽若 字敬之號蘭齋山東茌平人道光甲辰進士二十五年七月署任

伍紹紳江西新建八八舉二十六年二月十七年代理

張銘志號又渠湖北松滋人附監生前桐鄉縣丞二十七年正月七月署任

陳備恪 號雨山河南光山人舉八二十七年九月署任

林鈞 號二如江蘇奉賢人山陰縣丞二十八年七月代理

孫夢桃　號仙植山東人舉人二十八年八月署任

張致高　號遜侯雲南太和人道光癸卯舉人三十年八月任

咸豐

趙景銘　元年七月邑丞代理

張致高　元年十月復任

余璟　號子襄二年九月由會稽縣丞代理

孫紹芬　號月樵太倉州人二年署任

曹縉書　號筠如昭文人三年任

馬國炳

黃如琳　復任

張光益

蔣宗梓　號辛木壽昌人廪貢

姚光晉　號平泉仁和人道光乙酉舉人

蔡種善　字耘非錢塘人原籍蕭山道光

沈閬崐　號肖巖德清人廪貢八年四月任

林鈞二年十一月復署任

張謙號澹八三年十一月由紹府經歷代理

張致高四年正月復任

乙酉舉八十一年六月任

劉書田號芸齋河南安陽人五年十一月署任

陶雲升號晴初直隸天津人咸豐壬子進士七年七月署任

李壽榛
號曙堂湖北江夏人舉人八年八月署任

曹緍書
邑丞九年二月代理

胡堯戴
號蔭亭湖南武

陵人九年三月任

同治

唐汝芝 廣西臨桂人道光己亥舉人元年八月代理在甯波接篆秘雲書號宣青直隷故

方暹 安徽桐城人元年十月代理

嚴以幹 湖北黃岡人二年七月署任

胡家珣

曹墉 江蘇甘泉人祖籍江西新建縣二年五月代理

吳延齡 江蘇常熟人二年六月署任

姚宜慶 安徽桐城人元年十月代理

席寶琛 河南寶豐人三年六月任

陳鳳喈

毛豐 江山人附貢二年七月署任

楊學程 號雪堂縉雲人廩貢三年正月署任

張日炳 常山人廩貢十二年閏六月署任

童章 號鏡涵鄞縣人附貢十二年十

城人元年十月代理

翁以巽　號子謙江甯上元人二年二月代理

夏聲律　號頌庭湖南善化人同治癸亥

江西新建人三年三月署任

史樹綱　江蘇溧陽人六年四月署任

陳鑅　號侶芝江蘇元和人六年十一月補任

陸上達　四年三月署任

黃如琳　五年四月復任

江蘇江甯人五年二月署任

李家瑞　福建侯官人六年三月署任

俞廷珍　安徽婺源人七年四月署任

李濤

程翼雲　號敬夫錢塘人咸豐乙卯舉人五年十月任

一月任

進士三年三月署任

王嘉銓號友山直隸河間人優貢四年三月任

詹儀桂號月樓湖北鍾祥人舉八九年

江蘇吳縣人八年四月任

葉承裕號慶堂順天大興人八年十一月任

范春榮順天大興人十三年十一月代

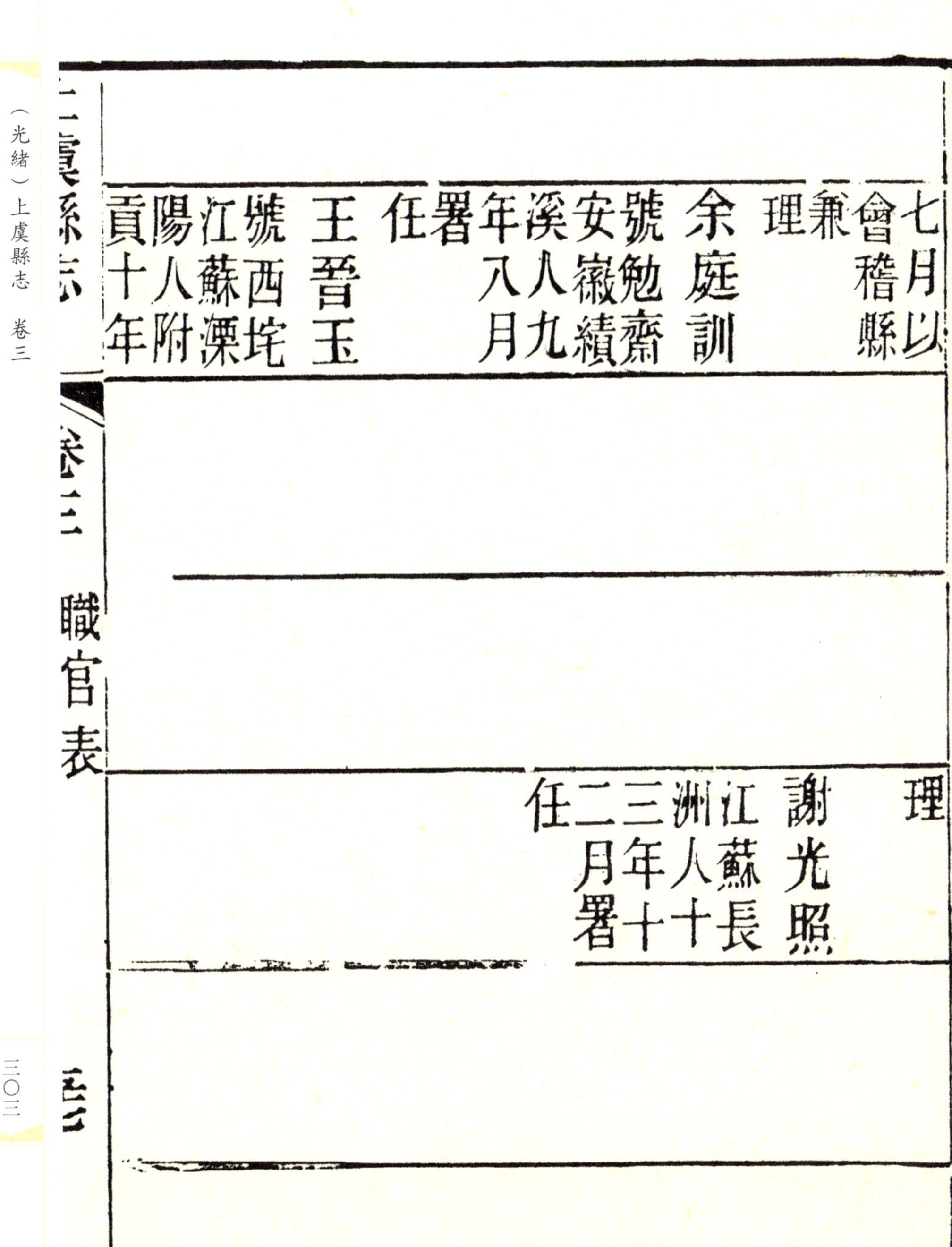

七月以會稽縣兼理

余庭訓號勉齋安徽績溪人九年八月署任

王晉玉號西垞江蘇溧陽人附貢十八年

理

謝光照江蘇長洲人三十年十二月署任

八月任

李世基 號肇卿安徽太湖人道光甲午優貢十一年五月署任

薛贊襄 號幼梅江蘇武進人十三年正

光緒

月署任

賀璦　號仲肅湖南善化人廪生十三年七月署任

唐煦春　號師竹江西德化人同治甲子補行咸豐乙卯

龔紫漢　湖南巴陵人附貢十五年八月代理

屠道溥　江蘇吳縣人九年二月代理　江宜興

鮑誠襄　號季匡安徽歙縣人元年七月任

謝公桓　號次圭嘉善人同治丁卯補行甲子舉人五年

優貢二年閏五月任

徐榦 號小勿福建邵武人同治乙丑補行甲子優貢五年六月署任

唐煦春 七年四月復任

熊燮元 江蘇上元人附貢十五年十一月任

萬賢輪 江西豐城人十六年十二月代理

高年瑞 福建新城人九年四月署任

吳琦 安徽桐城人九年九月署任

王宗植 江蘇太倉人十年十一月署任

劉有瑞

高藩 三年十一月代理

汪鑄 江蘇武進人四年二月署任

湯志霄 江蘇吳縣人五年閏三月署任

十一月任

沈錫齡 號霞軒武康人乙酉拔貢十四年十一月署任

王葆初 號蓮叔黄巖人附貢十五年三月任

王承煦號子暄安徽舒城人光緒庚辰進士十一年正月署任

唐煦春十二年正月復任

徐寶晉號睿生江蘇吳縣人

號小坡廣東番禺人附貢十六年十二月任

戴延慶號子餘江南丹徒人十七年五月署任

江西鉛山人十一年十月任

許鍾麟湖南善化人六年四月任

王翰江蘇金山人十一年八月代理

高長松安徽貴池人十一年九月署任

同治癸酉舉人十八年正月署任

鮑誠襄　十二年七月復任

金山場鹽大使　乾隆五年分設

乾隆

胡宏智　四川巴縣人舉人五年任

李世盛　字實菴四川涪州人舉人十年任

龔　鏡　字頴江江蘇江甯人雍正己酉舉人十三年任

呂若誨　河南孟津人舉人十八年任

歸　熙　江南常熟人二十七年任

鞠御[illegible]　山東榮城人貢生二十八年任

徐必達　福建南靖人舉人三十四年任

四　德　漢軍鑲黃旗人舉人四十年任

李聯登　雲南河陽人舉人四十四年任

蔣　濂　江蘇長州人五十五年任

嘉慶

徐必藎　江西奉新人貢生十一年任

徐日照

道光
馬培章 字星甫桐城人副貢十九年任
徐先揚 號須卿安徽建德人二十七年任

咸豐
王紹沂

同治
李夢庚 號少白江西人二年十二月任
陸沅 號稚松江蘇人九年七月任
李夢庚 十年七月復任
章廷樞 號堯卿江蘇人十二年九月任

光緒
費巍成 號融峯江蘇人十二年十一月任
余慶麟 號鶴橋安徽人十三年八月任
許嘉言 號菊初江蘇華亭人四年九月任
羅銘勳 號麟閣湖北人五年八月任
胡明慶 號元卿四川人六年二月任
錢廷珪 號士松江蘇嘉定人六年十月任
許嘉言 六年十一月復任
張修甲 號東府江蘇華亭人七年十一月任

附考

秦

漢書百官表縣令長皆秦官掌治其縣萬戶以上爲令秩千石至六百石減萬戶爲長秩五百石至三百石皆有丞尉秩四百石至二百石是爲長吏

蕭閭

越中金石記上虞志載秦時令長有蕭閭閭當爲閭字傳寫之譌○案吳濮陽興蕭二將祠堂記將軍秦人也姓蕭氏諱閭閭乃秦之將軍但云領兵至虞不言爲虞令刊補云或亦閭之昆弟亦臆測之詞

漢

後漢書百官志每縣邑道大者置令一人千石其次置長四百石小者置長三百石丞各一人尉大縣二人小縣一人本注曰丞署文書典知倉獄尉主盜賊

吳

漢書平帝紀縣道侯邑國曰校校學置經師一人

濮陽興三國志興字子元少有士名孫權時除上虞令

華覈三國志覈字永先吳郡武進人爲上虞尉

晉

晉書職官志縣大者置令小者置長有主簿録事史主記室史門下書佐幹游徼生循行功曹史小史廷掾功曹史小史書佐幹戶曹掾史幹法曹門幹金倉賊曹掾史兵曹史吏曹史獄小史獄門亭長都亭長捕賊掾等員縣皆置方略吏四人部尉大縣置二人次縣小縣各一人

華茂正統志茂爲邑令嘗與王右軍蘭亭會賦四言詩

徐祚之案舊志宋時令有徐羡之爲祚之子攷宋書及南史羡之字宗文東海郯人父祚之上虞令不言羡之亦爲虞令舊誤今刊

宋

宋書百官志縣令長秦官也漢置丞尉諸曹略同郡職後則無復丞其衆職或此縣有而彼縣無各有舊俗無定制也晉置部尉大縣二人次縣小縣各一人宋元嘉十五年縣小者又省之縣令千石至六百石長五百石

虞季　舊表虞季後又列虞愿按齊書良政傳愿字士恭餘姚人兄季爲上虞令愿爲令無考舊志誤今從刊補刪

沈正　沈約宋書自序淵之子字元直淹通有器度美風姿善容止好老莊之學宗人光祿大夫演之稱之曰此宗中千里駒也出爲始甯令舊志無今從刊補增

江湻之　宋書南郡王義宣傳蔡超濟陽考城人與前始甯令同郡江湻之並爲興安侯義賓所表薦舊志無

今從刊
補增

齊

隋書百官志後齊制官多循後魏

徐陵　陳書陵字孝穆東海郯人梁大通二年梢遷尚書度支郎出爲上虞令

陸昉　陳書韓子高傳光大元年前上虞令陸昉告其謀反○案子高事在梁臨海王元年以時計之昉爲令當不在宋舊志誤今從刊補改列於齊

梁

隋書百官志梁官班多同宋齊之舊縣爲國曰相大縣爲令小縣爲長皆置丞尉

劉孝綽　梁書字孝綽彭城人本名冉幼聰敏七歲能屬文號曰神童爲太子洗馬出爲上虞令舊志無今從

刋補

增

陳

隋書百官志陳承梁皆循其制官

隋

備稿云元年廢上虞入會稽故舊志不立表

唐

舊唐書職官志諸縣令之職皆掌導揚風化撫字黎甿通志職官略唐縣有令而置七司一如郡制丞爲副貳主簿上轄尉分理諸曹錄事省受符歷佐史行其簿書

張□□見金石吳興沈府君墓誌銘舊志無新增

王□□　五夫陁羅尼經幢會昌三年九月二十七日建邑宰王又五大夫新橋記云邑大夫王公術過烹鱻軫嵇琴於棠樹其卽是公歟舊志無新增

常□□　五大夫新橋記大中四年再建令常又遺德廟陁羅尼經幢記大中云云令常舊志無新增

馬□□　寶蓋寺陁羅尼經殘幢年月闕記縣令馬舊志無新增

王昌裔　唐書宰相世系表王氏宏讓下七世名昌裔上虞令瑯琊臨沂人舊志無今從刋補增

方□□　舊志無今從五夫陁羅尼經幢增

蔣□□　舊志無今從遺德廟陁羅尼經幢記增

胡□□　唐方干有贈上虞胡少府百篇七律一首舊志無今從家山鄉眷錄增

羅□□　舊志無今從五大夫新橋記增

孫□□ 舊志無今從寶蓋寺陁羅尼經幢增

呂　生 宣室志大歷中有呂生自會稽上虞尉調集京師舊志無今從錢玫補稿增

嚴　郭　周 三人舊志無今從五夫陁羅尼經幢增

李　鄭 二人舊志無今從五大夫新橋記增

第伍　沈　馬 三人舊志無今從寶蓋寺陁羅尼經殘幢增

五代

葛政一 嘉慶志有惠政家於虞明謝瑜葛公垣溪行狀其先瑯琊諸縣人五代漢時有諱政一者爲上虞令民德之

裴昌符 見武備志兵事舊志無今從家山鄉眷錄增

宋

文獻通考建隆元年天下諸縣除赤畿外有望緊上中下掌總治民政凡戶口賦役錢糧賑濟結納之事皆掌之三年始以朝臣爲知縣其間復參用京官或幕職宋史職官志縣丞初不置天聖中始各置丞一員在簿尉之上咸平四年後江南諸縣各增置主簿建隆三年每縣置尉一員在主簿之下文獻通考慶曆四年詔諸路州軍監各立學學者二百人以上許更置縣學又置教授剡錄引政和學制云學長諭直學各一人齋長諭各一人小學教諭各一人小長一人

盧釋　宋趙抃通濯廣利侯廟記乾德中縣令盧釋以旱禱於廟雨即時降是盧釋當爲宋令舊志誤列五代今從備稿改入宋初

劉損　元豐四年任見劉氏義門碑記

余彦明　水利本末元祐五年夏蓋湖夲旨復正爲湖知縣事余彦明

朱南强　安吉州志南强字柔立主晉陵簿移宰上虞地瀕海民業煮鹽多致訟乃爲析利害上提舉請置場交易民甚便之

戴延興　明呂本復西溪湖記宋令戴延興築西溪湖堤七里

熊　挺　餘姚孝義鄉熊氏家譜挺字伯玉號一靈自南昌膺薦至京攷授上虞令有惠政任滿遂家焉舊志無新增

席彦稷　政和三年任見江公亮朱娥祠記

張　轔　靖康元年任見水利本末

王　恕　建命教堂見學校舊志無新增

張彥聲　建懷謝軒見古蹟舊志無新增

陳炳　浙江通志選舉乾道二年丙戌進士崇德人循吏傳炳字宜之石門人案石門即崇德當是一人而正統志則云號退菴長樂人紹興中來知邑事不應未登進士先官知縣且長樂宋時福建廣東皆有之舊志不言某州長樂難可依據當以崇德爲是正統萬歷各志官師志列炳在商飛卿後今改入乾道末

劉筥　正統志建宣聖殿闢射圃能化民成俗

戴閶之　改命教堂爲仰山見學校

葉元泳　正統志葉顒傳紹興甲戌來知縣事子元泳亦令茲邑案紹興甲戌至景定相距百有餘年不應父子年甲懸絕若是舊列陳漢前今改入淳熙末

趙希惠　建瑞豐堂信芳堂見建置

胡　爟　府志爟作矔

蓋　溥　正統志益學租以養士配享先賢祠

趙希悅　太平志希悅字安臣爲上虞令好古尚義

何宗斐　府志斐作裴　趙崇棨　萬歷康熙嘉慶諸志均誤作棨攷字書無棨字今據正統志改

趙時緻　備稿云古蹟適越亭宋寶祐中令趙時徵建緻當即徵之誤

廖　由　建思政堂見建置

陳　漢　正統志炳之曾孫有功於學配享先賢祠萬歷志作炳之子疑誤

趙若璘　萬歷志康熙志誤作邵若埄府志嘉慶志又誤作邵若墀今據正統志改

王　琰　咸湻乙丑攝篆見建置志衙署舊志無今從家山鄉眷錄增

陳　廸　咸淳間任見黄氏日抄　舊志無今從備稿增

趙安仁　宋詩選戴復古有送趙安仁之官上　虞詩舊志無今從家山鄉脊錄增

張時憲　舊志無今從　浙江通志增

唐　閒　罷臨海令因母年高求爲上虞丞　以便侍養舊志無今從府志增

江公亮　政和三年任　撰朱娥祠記

郭契敷　正統志契敷字彦寛襄邑　人丞上虞秩滿僑寓在城

王　濤　承直郎縣丞王濤見宋　豐誼上虞縣修學記

范承家　萬歷諸志家作蒙　據正統志更正

張元需　萬歷志以匽蹕功授上虞丞有異政　遷富陽令引年致仕遂家虞之百官

陳祿 陳氏譜陳祿居諸暨之楓橋爲上虞縣丞舊志無今從刋補增

何琢 元祐五年任從水利本末增

孫衍 政和三年任見江公亮朱娥祠記主簿孫衍幷明唐肅朱娥詩序舊志無今從刋補增

沈遷

錢觀光 二人舊志無今從浙江通志增

張軫 廸功郎主簿張軫見宋厲居正夏蓋湖新建二閘記舊志無今從刋補增

蘇□□ 見古蹟凝虛館舊志無新增

孟致中 修職郎主簿孟致中見宋豐誼上虞縣修學記舊志無今從刋補增

趙孟直 鄞縣志趙由宜傳父孟直上虞主簿宋亡由宜依外家鄭氏以居是孟直爲主簿當在宋末舊無今增

孫　漸　萬歷諸志孫誤作張據水利本末更正

游　充　元祐四年任從水利本末增

向　泳　見江公亮朱娥祠記

馬季良　宏簡錄劉美傳壻馬季良由上虞尉躐致龍圖閣直學士

薛　寇　嘉慶志寇作冠據厲居正夏蓋湖新建二閘記正統志更正

錢　績　見孫應時清水閘碑記

薛師魯　萬歷諸志師作思據正統志更正

周伯起　宋連文鳳有寄上虞周伯起縣尉七律一首舊志無今從錢玫補稿增

李晉明　學長　黃士表　學長　李孟陽　學諭　劉溫舒　直學　劉昌

朝教諭以上均見宋豐誼淳熙十四年上虞修學記舊志無今從刋補增

張集父　宋連文鳳有送集父分教上虞詩舊志無今從備稿增年次無查故附李晉陽五人後

元

元史百官志至元二十年定爲上中下縣上縣達魯花赤一員尹一員丞簿尉各一員典史二員中縣不置丞餘悉如上縣之制萬歷志至正年間汰冗官丞裁乾隆府志元制各縣學一人元貞二年餘姚諸暨陞州置學正他縣稱教諭

達魯花赤　嘉慶志尹後附張朶兒列歹等三人今從正統志補十七人又案正統志張朶兒列歹入尹智紹先後據改

阮惟貞　萬歷志政通人和作新學校以賢令稱

李好義　正統志由吏部主事出尹虞綽有政聲

王　芳　萬歷志材智通敏臨政明察興築城垣經畫湖田剏建書院士民賴之

陶　煜　黄巖志鄭元祐白雲漫士墓誌煜字明元號白雲漫士又號逍奥山人仕上虞縣尹萬歷志附典史後誤今從嘉慶志列尹表

張　庸　全浙詩話庸字惟中慈谿人元末署上虞長明初聘不仕有全歸錄舊志無新增

沈　煜　見武備志兵事舊志無今從刋補增

朱孛羅歹　粘割貞　李家奴才寶　沙的　阿散　五人從正統志增

也先忽都魯　嘉定間任見戴俞修儒學記舊志無今從備稿增

馬合麻至元間任見重建梁湖壩記舊志無今從備稿增

烈古沙至正間任見修孟闡記舊志無今從備稿增

張　興萬歷志有材名

阿里　木八剌沙二人舊志無今從正統志增

鄺士銑萬歷諸志銑作鋭據正統志更正

王　顥　翁鍾英萬歷諸志顥作顯英作榮據正統志更正

王君裕　湯國璿　駱天澤　張慶富四人舊志無今從正統志增

黃廷韶府志韶作詔

戴　俞嘉慶志俞作喻據重修儒學記及通志選舉表更正

郭　溥　鄞縣志郭可學傳父溥治尚書善詩文才行聞一時由郡學訓導分教青田復署上虞教諭案可學洪武五年鄉舉是溥爲教諭當在元末舊無今增

案萬歷諸志所載職官自漢迄元均不載年號今以年號可查者分標於上其無可查者仍舊志序列

明

明會典知縣一員縣丞一員主簿一員典史一員儒學教諭一員訓導二員

范　麟　正統志作花麟　張　易　萬歷諸志易作翼據正統志更正

張　昱　案謝肅海塘碑記張昱當列趙允文後舊志悉從楊文明題名碑記序次今姑仍之

李惟中　萬歷諸志中作忠據正統志更正前明上虞詩集上虞知縣李惟中以史才薦爲翰林編修

馬　馴　正統志操履清正寬而有威弊革政舉事簡訟息○案知縣馬馴後三人典史陳仕建文時任康熙

嘉慶兩志仍前明舊例不載建文年號今宜補列

胡文煥　舊志無今從餘姚縣志增

胡　儆　正統志聰敏廉介政舉訟息

楊　奐　萬歷志廉惠並著政務公勤仁聲遠播

楊　澄　舊志無今從漢陽縣志增

吳　倖　萬歷志首建縣廳譙樓

李景華　萬歷志慈惠仁恕民咸德之陞主事

曾　昂　舊志無今從蘇州府志增

蕭　宏　湖廣寶慶府志蕭宏傳天順中知上虞縣舊無今增

吉　惠　萬歷志惠字澤民首買民居開廣學門鋤强扶弱振舉士類陞本府知府案明姚翔鳳小查湖記云成化初吉侯惠大修想惠天順時來知邑事成化初猶任故從舊志仍列天順

涂　縉　嘉慶志涂作余據正統志更正

蘇　奎　萬歷志抑豪强扶善類平物價民不敢欺爲奸宄所中而去

陳　賢　萬歷志爲政嚴明詩酒徜徉尤親禮賢士陞監察御史

陳獻文　舊志列正德末案謝丕金罍山元妙觀碑劉近光已在嘉靖元年則獻文不得列正德末今從備稿改列嘉靖

孫　口　案謝讜送陳見吾號大賓序見吾陳公以名進士令吾虞既三年將行時黄溪孫公攝虞事請言於余據此大賓後當增孫公

羅尚德　見陳洙羅公祠記舊志無今從備稿增

林仰成　嘉靖辛酉府判攝虞事見修崔公祠記舊志無今從家山鄉眘錄增

謝艮琦　案名宦傳艮琦隆慶戊辰進士己巳來令熊汝器嘉靖乙丑進士令虞在丙寅丁卯間謝讞須汝器仁政云夏有瑞蓮攷放生池產藥蓮在隆慶丁卯嘉慶志列嘉靖誤今從刊誤改列汝器後

蔡淑逵　浙江通志引獻徵錄上虞令蔡淑逵爲鄉宦金某所持按察僉事李國士鞫問時金謂令與國士爲同鄉以語侵國士國士抗聲曰吾爲朝廷治亂民不知有鄉宦也金伏罪○案淑逵疑是淑達今姑仍之以俟考正

林琛　府判攝虞事見陳洙重修聖殿碑記舊志無今從備稿增

朱維藩　嘉慶志在官多所建興後陞按察司副使

楊爲棟　刊補丙申遷水部去士民思之立碑儀門之左詞曰温温其度確確其守賦簡刑清民肥吏瘦士安於校農狎於畝善類揚眉黠魁斂手召杜齊名循良稱首

黄□□　以府判來署縣篆見水利夏蓋湖舊志無新增

王同謙　康熙志敷政寛和謙恭下士陞戸部主事

文三俊　康熙志以文名世

鄒復宣　康熙志居官清直耿介調繁金華行取監察御史

范　鑛　康熙志持身耿介丰采懔然吏畏民懷調繁山陰官至大中丞刊誤云乾隆府志山陰知縣范鑛崇禎二年任則任上虞當在天啟

吳士貞　康熙志威嚴振肅豪右斂戢陞禮部給事中

刋誤云嘉慶志林廷植至孫棨十八令俱載在萬歷年
豈天啟崇禎無令平范鑛何淳當列天啟吳士貞至孫
棨當列
崇禎

薛　荼　王直守拙子墓銘永樂元年縣南黃路溪蝗生縣
丞薛荼督民捕之元年荼已督民捕蝗其涖任當
在永樂以前故
列入建文時

張　準　萬歷志律己廉
介民思不忘

李　璋　萬歷志爲政明
恕不久以疾去

田　玉　正統志縣丞題名薛荼後有田玉案天順七年銅
漏銘載縣丞田玉疑永樂時來丞至此復任故兩
載

雷　福　萬歷志盡心撫
字民懷其惠

張　煬　萬歷志寬惠仁恕九載滿去

屈必登　萬歷志廉介明決尤親賢士

徐　紳　萬歷志賦性廉直遇事敢爲攝篆徵糧毫不染指當道有知而薦之者遽以疾卒

周時武　萬歷志廉靖不阿受誣以去士庶惜之

張夢蛟　萬歷志蒞虞三日卽致仕去

陶民瞻　萬歷三十七年任見王同謙阜李湖碑記舊志無今從刋補增

白惟奴　府志奴作砮康熙志作如均誤從正統志更正

姚德衡　萬歷諸志衡作行據正統志更正

侯　溥　萬歷諸志無今從正統志增

李　彬　洪武三十三年任見水利

周　澄　李東陽懷麓堂文集澄由湖廣布政使司知印授廣州倉大使遷上虞主簿浙東海溢上虞尤甚工部侍郎李顒築隄海上澄承檄受任與有勞劾九載將去父老合詞請留不許○案李顒築塘在天順七年澄之官虞當在景泰天順間嘉慶志列宣德誤今從刊誤改列景泰

賀　珣　府志列典史誤

黃　隆　見天順七年銅漏銘舊志無今從備稿增

林　欽　萬歷志廉明果斷未幾卒於官

蔣士欣　刊誤云謝丕金罍山元妙觀碑縣丞蔣士欣主簿陳紹皐則士欣不宜列主簿○案萬歷志一作仕一作士或是兩人未敢遽刊

儲統祚　萬歷三十七年任見王同謙阜李湖記舊志無今從刋補增

張毅　萬歷諸志毅作穀據正統志更正

陳仕　洪武三十三年任見水利

譚瀛　見天順七年銅漏銘舊志無新增

林九思　刋誤云嘉慶志列林九思於正德誤今據陳洙重修聖殿碑記改列隆慶

吳顯　萬歷三十七年任見王同謙阜李湖記舊志無今從刋補增

朱昇　明詩綜昇洪武初舉明經

盛景　正統間修葺兩齋見學校

何天德　萬歷志風度温雅常攝邑篆無改請修刋誤云嘉慶志列何天德李綸於萬歷誤今據陳洙重修聖

殿碑記改

列隆慶

金仲卿　舊志無今從通志增

程湛　舊志無今從昌化縣志增

王有悌　康熙志善星學占事頗驗

張立中　建德縣志立中字躍如以拔貢由天啟辛酉舉人壬戌會試副榜署上虞教諭啟迪有方士多造就著有麟經正旨行於世

夏睢　刊誤云康熙志夏中孚當即夏時字孚中號居貞本邑訓導見皇明古虞詩集其時當在洪永間

曾舟　備稿後改鬱林學正車純有送曾舟改官鬱林序

唐□敏　備稿後遷德化車純有送唐敏司教德化序

周立本 舊志無今從兩浙輶軒錄周志甯傳增

國朝

大清會典上虞縣知縣一員縣丞一員梁湖壩司巡檢一員典史一員儒學教諭一員訓導一員○案舊有黃家堰巡檢康熙三十九年裁嘉慶志所載巡檢自雍正起均屬梁湖壩司

朱應鯤 備稿宰虞時頗魚肉故國遺民故人錢光繡嘗面斥之見全謝山鮚埼亭外編

劉方至 備稿云嘉慶志既據一統志立傳而表內遺之今從本傳增

陳鶴徵 刋誤云鶴徵王侍御世功事畧序云壬辰應詔入都又五載分符爲上虞令序作於康熙壬寅是鶴徵令虞乃順治十四年丁酉舊志列康熙中誤今正

虞景星 刋誤云雍正三年虞令景星請項築石塘嘉慶志列景星於康熙誤今改列雍正

陶爾燧 備稿著有息廬詩一卷見四庫全書總目去之日士民立德政碑於西黃浦下今尚存案府志作江南青浦人

王國樑 有胡天游王大夫述載文徵

胡具瞻 具瞻撰金定菴傳云康熙丁亥余承特簡通判金華戊子冬又奉撫軍命署事上虞舊無今增

孫元淵 舊志無今從雍正御碑增

龔　鏡 袁枚龔君墓誌銘鏡字潁江江甯人以雍正舉人爲金山場大使海濱漲沙居民與竈戶利之牽持洶洶鏡至曰塘內民也塘外竈也沙在塘外民何爭訟者噤口案嘉慶志作錦誤

案漢晉以來官斯土者前後踵續求其事蹟完具卓然可列名宦傳者代不數人舊表詞於姓名之下標舉美稱畧存梗概然年經月緯之中忽涉評贊於例未當若概從删削亦有未安今皆移置考中此外誤者正之闕

者補之序次舛錯者辨之條
舉如右其所不知謹從蓋闕

上虞縣志卷三　職官表

上虞縣志卷四

選舉表

歷代	徵辟	進士	舉人	貢生	武進士	武舉
漢	徵辟					
陽嘉	戴就舉孝廉					
漢安	孟嘗舉茂才					
建甯	朱儁舉孝廉					
宋	徵辟	進士			武進士	
大中祥符		劉少聰更名				

上海圖書館藏

年甲			
佚			瑜官校書郎
崇甯二年癸未			陳濤 陳灌濤弟 登霍端友榜
五年丙戌			李光 陳起莘 登蔡凝榜
大觀三年己丑			黃通 王俊

	政和五年乙未	重和元年戊戌	宣和元年
			王俊 膺詞學兼
登賈安宅榜	王貞卿 張迹中 吳江知縣 登何㮚榜	黃韶中 通子 張延壽 登王昂榜	

三年辛丑	建炎二年戊申	紹興五年
己亥茂科冀州教授		
桂章 王休 弟俊 孫彥材 王賓 省志不載 登何溴榜	李貫 登李易榜	李孟博 光子
郭光		

乙卯		登汪應辰榜
八年戊午		嵇琥衢州通判 登黃公度榜
十五年乙丑		吳公輔 宋延祖 登劉章榜
二十一年辛未		李澤特奏名 登趙逵榜
二十四年甲戌		貝欽世

三十年庚辰	隆興元年癸未
趙伯澥子潚子朝議大夫登張孝祥榜 李以成特奏名 登梁克家榜	丁松年 趙伯泌子潚子

乾道二年丙戌

邢世材

登蕭國梁榜

登木待問榜

淳熙五年戊戌

尙朴

陳杞

貝襲慶欽世子

趙汝錯善傅

子温州將領

十一年甲辰	十四年丁未	紹熙元年庚戌
登姚穎榜 潘友端 時子 李唐卿 特奏名省志不載 登衛涇榜	杜思恭 登王容榜	豐有俊 誼子 登余復榜

四年癸丑	慶元元年乙卯
趙師古子潚孫 登陳亮榜	陳無損嘉慶志誤作無捐 趙汝洙善傳子 趙汝曼善傳子諫議大夫 陳居大特奏

嘉泰元年辛酉 二年壬戌	五年己未
江潧 特奏名 陳堯卿 特奏名正統志堯卿作堯俊	名登榜鄒應龍 李知新 光孫登榜曾從龍
楊文山	

	開禧元年乙丑	嘉定元年戊辰　四年辛未
傅行簡登榜	陳謙特奏名 毛自知登榜	劉昌宗特奏名通直大夫 劉子强修職郎省志不載 鄭自誠登榜 李知孝光孫

七年甲戌

十年丁丑

寶謨閣直學士光曾
李復孫
登趙建夫榜
特奏
徐杭名
登袁甫榜

劉漢弼
特
沈昌齡奏
名省志作
會稽人
登吳潛榜

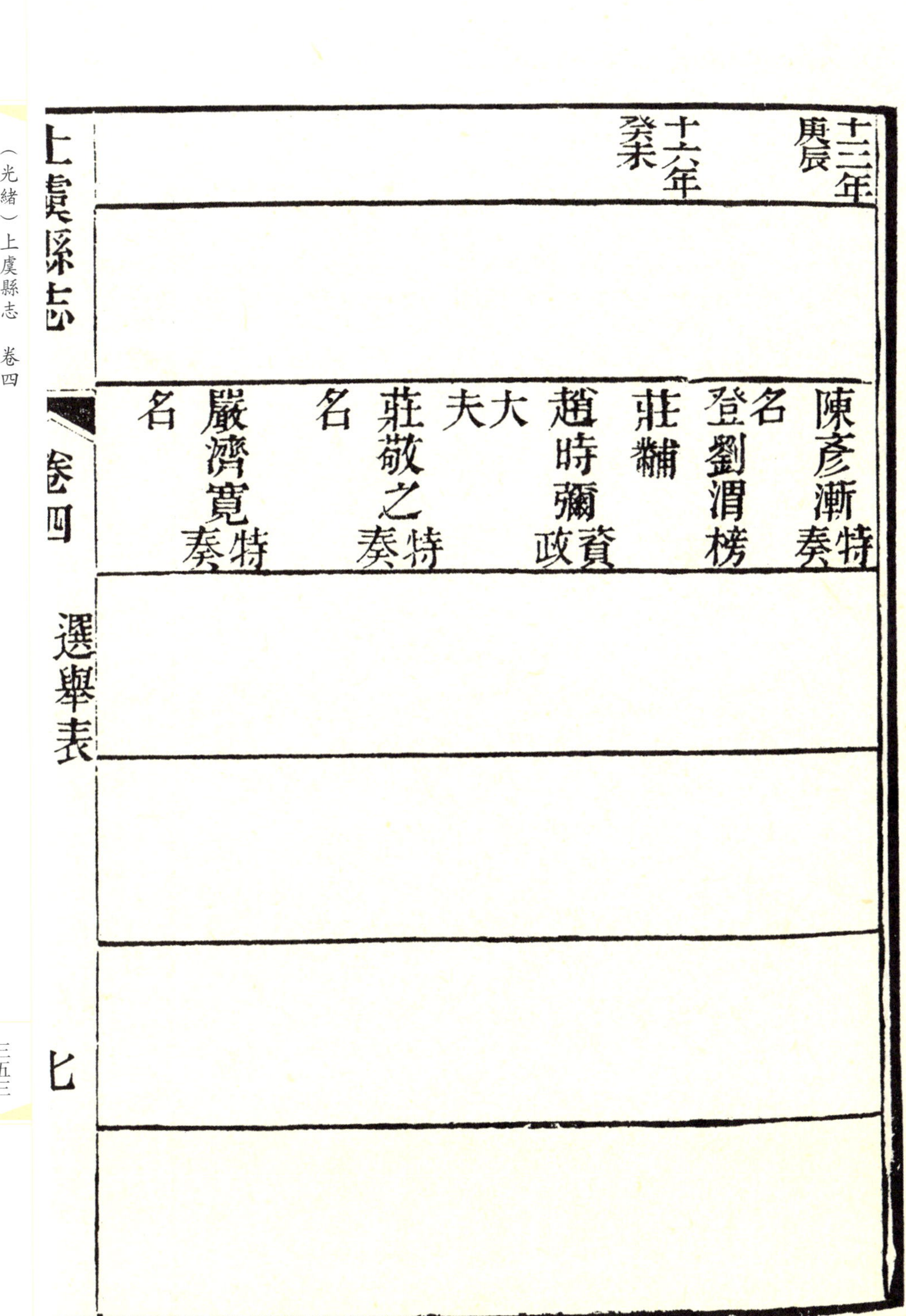

十三年庚辰

十六年癸未

陳彥漸特奏名

登劉渭榜

莊黼

趙時彌資政大夫

莊敬之特奏名

嚴濟寬特奏名

寶慶二年丙戌

登蔣重珍榜

趙希抃 奉議大夫

趙希彭 宣德郎

趙汎夫 彥鏜子 文林郎

趙沿夫 汎夫弟 集英殿學士

紹定二年

杜夢龍特奏

趙彥鈕奉議大夫

趙彥鐙彥鈕弟兩浙轉運使

趙汝普善傳

長子保義郎

舊志作昔

誤

王會龍登榜

己丑

五年
壬辰

名

張師夔特奏

名

趙希彰伯泌

孫御史

黄樸登榜

梁大受

李衢孫光曾

高不愳特奏

	端平二年乙未	嘉熙二年戊戌
莊驥特奏名 登徐元杰榜	孫熫祖 趙汝諿善傳次子 登吳叔皓榜	孫逢辰特奏名

	淳祐四年甲辰 十年庚戌
趙崇櫝汝錯子正奏名廣東按察提刑 登周坦榜	陳熹之國子學正 杜振特奏名 登留夢炎榜 夏夢龍特奏

	寶祐元年癸丑
名登方逢辰榜	趙崇璡特奏名修武郎　趙良坦良坡弟　趙與縉正奏名省志府志作餘姚八登姚勉榜

四年丙辰

杜應之

劉漢傳 歷任吉州處州知州

趙必成 承武郎

趙良埈 必蒸子

葛曦

葛季昂 曦子

景定三年壬戌

趙崇璠 汝普子六年奏名以上三人省志不載登文天祥榜

徐斗祥 特奏名

周遇龍 省志不載登方山京榜

咸淳元年乙丑

趙崇璲承事郎
趙與闢吉州防禦使
趙必蒸特奏名
趙良坡必蒸子
趙友直良坡

德祐年甲佚	
竺端均兄 竺均同膺奇才聘	
	子登阮登炳榜

舊志宋進士有李知退而無時代年甲故附宋選舉表後

李知退光孫

舊志及進士題名殘碑宋武科自郭光楊炎山外尚有五人亦無時代年甲今又附錄於後

楊次海 驃騎將軍

沈清夫 金吾將軍

李以秉

杜夢與

趙崇濬 汝普子

明	徵辟	進士	舉人	貢生	武進士	武舉
洪武二年己酉	盧季廉 無錫教諭 顧諒 給事 任守禮					

三年
庚戌

中

朱德輔知縣

車秉舉賢良方正

袁陵縣丞

鍾霆

王誠

葉砥

杜思進戶部侍郎

柳宗岳 休介
縣知縣
何文信 福建
中式
杜肅

王誠
葉砥
鍾霆 江陵縣尉
何文信 福建

張公器 廣聘
官建德縣知縣

四年辛亥

五年壬子

六年癸丑

俞誠 膺賢才聘

杜肅 闔縣儒籍進士 題名碑錄省志及上虞科甲題名碑均不載 登吳伯宗榜

俞尙禮

李繼先 州判

駱文凱

八年乙卯	九年丙辰	十一年戊午	十二年己未	十四年辛酉	十五年壬戌

薛文舉

車儀 吏部主事

朱瑾 莊浪知縣

趙暄 國子監學正

陸幹 福建僉事

王友俊 江西

鍾[雨高] 霆弟

張恒敬

徐啟

徐啟

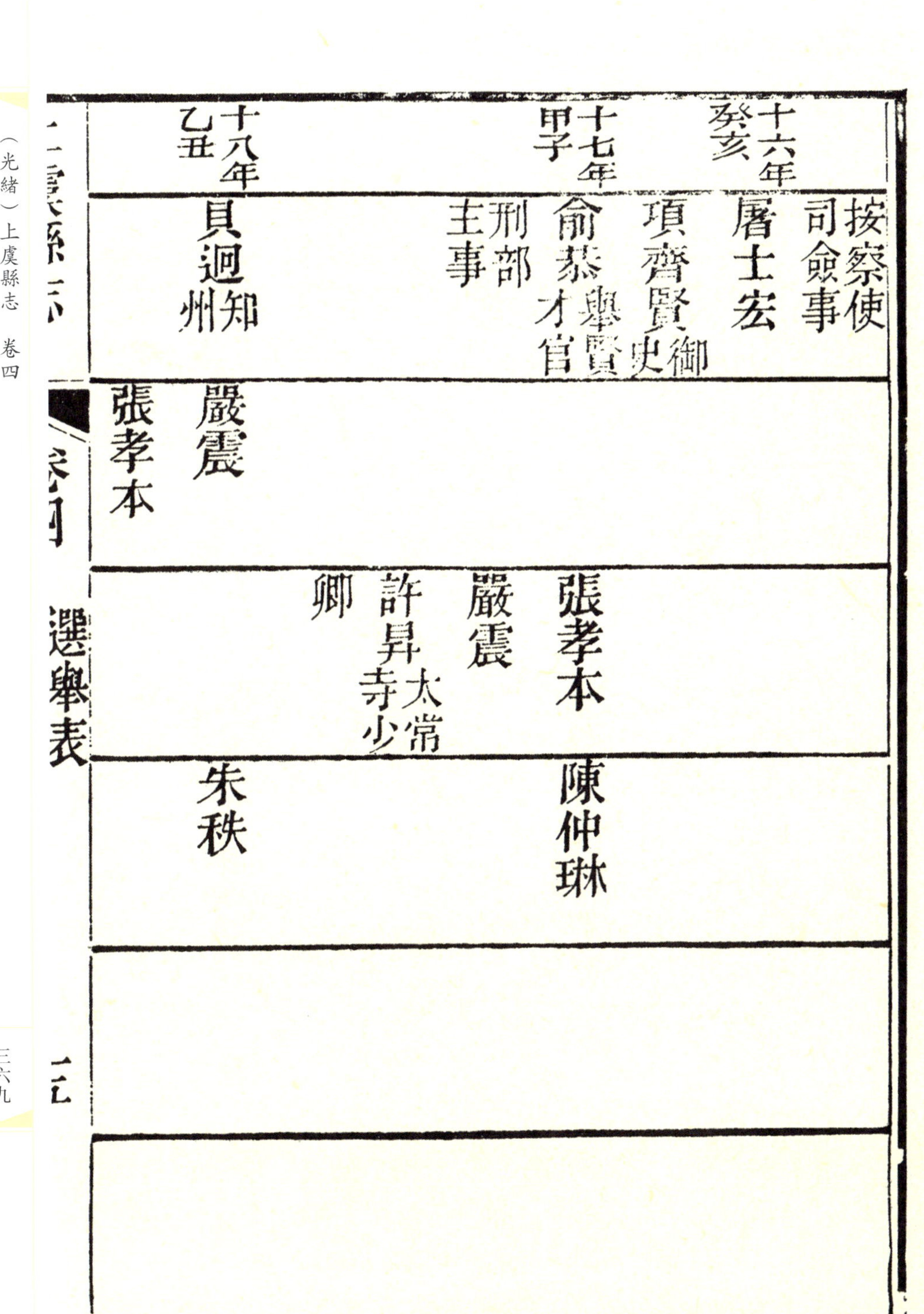

十六年癸亥	十七年甲子	十八年乙丑
按察使司僉事　屠士宏　項齊賢御史	俞恭舉賢才官刑部主事	貝迥知州
		嚴震　張孝本
	張孝本　嚴震　許昇太常寺少卿	
	陳仲琳	朱秩

十九年丙寅	二十年丁卯	二十一年戊辰
沈中雋人材聘官僉事 謝肅 丁宜民	劉惟善	陳茂才吉安府知府
登丁顯榜		陳時舉登任亨泰榜
	陳時舉 周敬宗	
武用文	呂智知府	俞息知府

年						
二十二年己巳	陳逢源知縣					
二十三年庚午			顧思禮知縣 陳文原廣德州學正			
二十四年辛未	劉鵬徵賢良 陳山徵賢良 許昇徵賢良 尹克順膺人材聘官刑部主事			李允中		

二十五年壬申	二十六年癸酉	二十七年甲戌	二十八年乙亥
魏鎮 大同知府	貟諲 除開封府知府	張九容 舉賢才授山東參政	俞齊 一作齊孟 山西苛嵐州知州 吳賢 長沙知府 丁和 舉賢才官
	鍾荆 教諭		
	周慎 正統志作順 知縣	陳斯立 盧伯輝 教諭	徐紳 主事

二十九年丙子	閩縣縣丞		朱一誠	杜泗教諭		
三十年丁丑	張鵬舉賢良方正官東昌府同知					
三十一年戊寅	張宗岳知縣					
三十三年庚辰	張九功舉經明行修					
年甲佚	徐松膺明經聘授按察使僉事			伍建 陳肅三兗州	姚寄 姚鍾英湖廣	

建文元年己卯

徐禮 膺儒術聘 修職郎
徐裕 膺孝廉聘 將仕佐郎
鍾逖夫 禮科給事中
豐滔甫 御史

陳彪
王友梅

知府
戴允言
陳莊 永嘉縣教諭
陳秉 由兵部主事調交趾通判

常德衛百戶

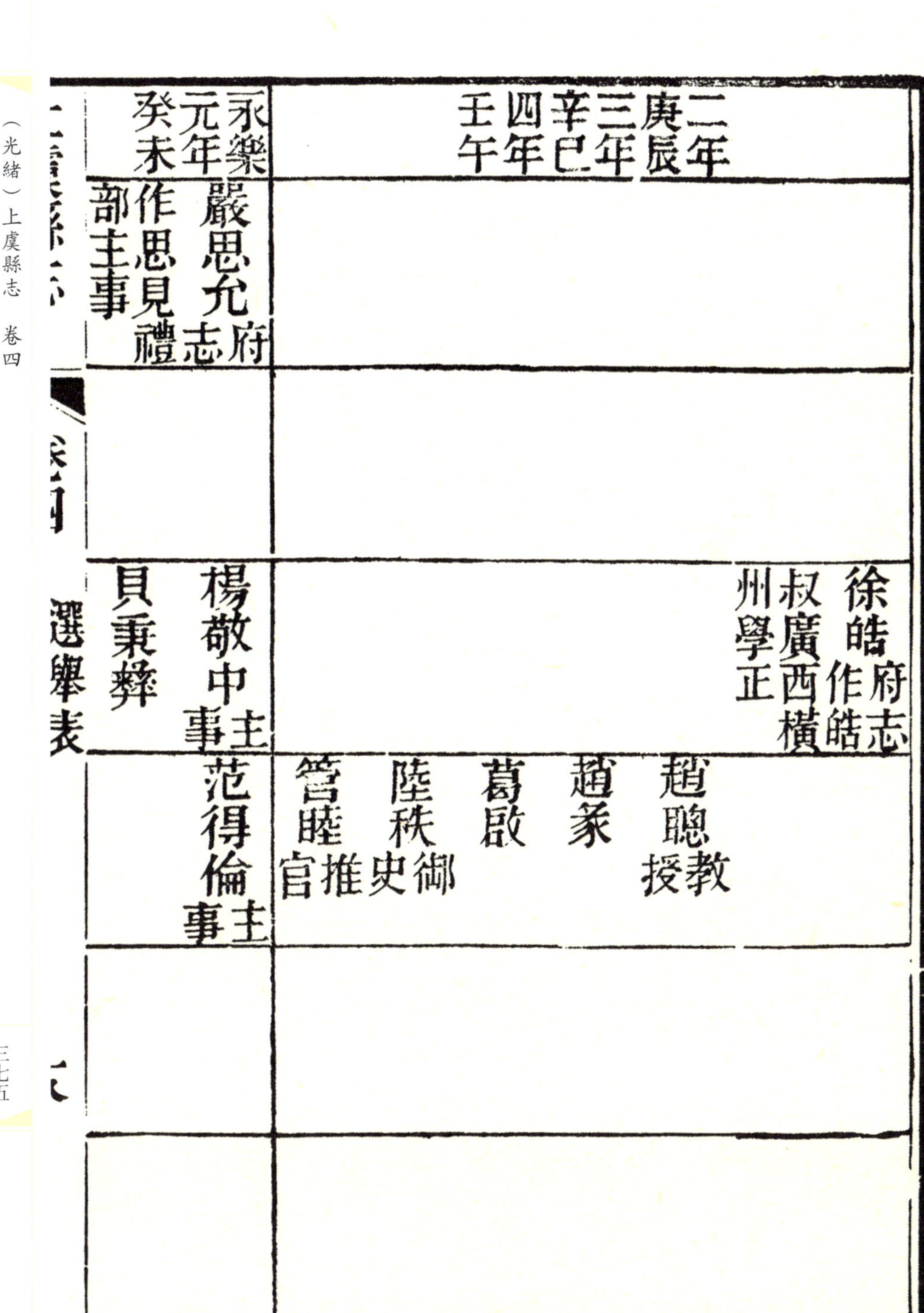

二年庚辰　三年辛巳　四年壬午	永樂元年癸未
	嚴思允府志作思見禮部主事
徐皓府志作皓叔廣西橫州學正	楊敬中主事　貝秉彝
趙聰教授　趙彖　葛啟　陸秩御史　管睦推官	范得倫主事

二年甲申

盧用誠府志作用宏膺人材聘成都府同知

貝秉彝

傅璇戶科給事中

登曾棨榜

傅璇

貝瓊

張貴琨同知

三年乙酉

魏原海刑部主事

黃德政教諭

薛常生文舉子

鄭季輝御史

四年丙戌	五年丁亥	六年戊子	
	徐徵嘉慶志作徐喬年官福建僉事	姚平主事	
薛常生登林環榜			
鍾悌紀善		盧伏	趙肅雍教諭　謝澤　趙眞知州省志
王仕升誠子同知	車佑知縣	貝昇	

七年己丑

八年庚寅

九年辛卯

十年壬辰

十一年癸巳

朱孝錫 紀善

劉惟傑 通政

不載

張驥 壬辰會試乙榜官唐府左長史

俞宗潤 新安府教授

厲秉彝 御史

朱慶 知縣

許泗 奉祀

張觀 知事

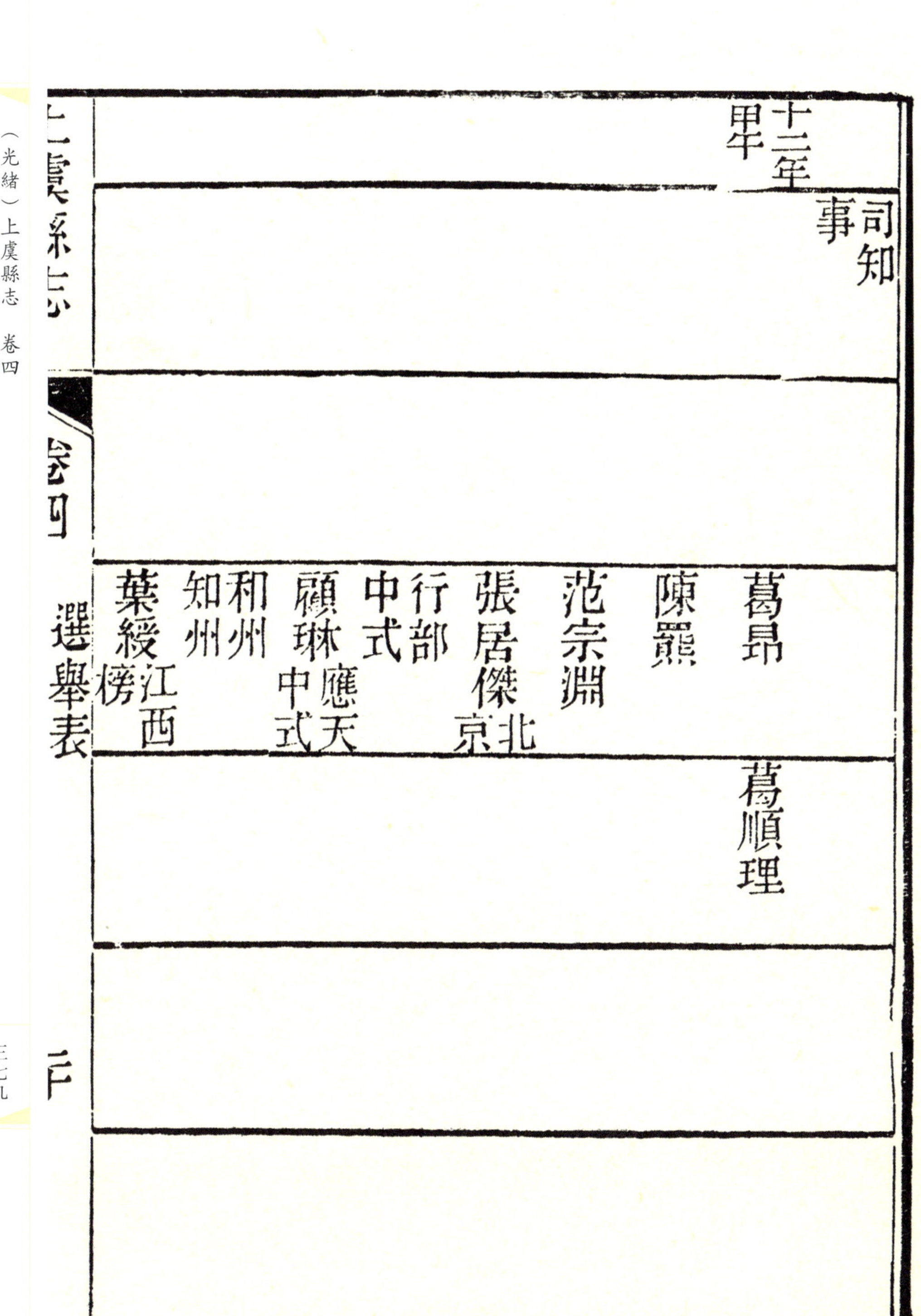

十二年甲午

司知事

葛昂

陳羆

范宗淵

張居傑北京行部中式

顧琳應天中式和州知州

葉綬江西榜

葛順理

十三年乙未
十四年丙申
十五年丁酉

盧用端舉經
明行修教諭
周叔儀歷城知縣

陳羆御史
登陳循榜

謝琬刑部郎中
杜侃訓導
朱莊
葛翊監察御史
袁鼒甯國府教授

王澤主事
蔣秉
朱復知事

張居彥居傑弟北京行部中式

俞宗愼應天中式長樂縣教諭科甲碑不載

盧伯深應天中式教諭省志盧作虞

袁能原名潛應

十六年戊戌	十八年庚子
	沈孟齡膺人材聘知縣
謝澤 葛昂 范宗淵	登李騏榜
天中式科甲碑不載	陸儔知府 鍾興訓導 韓俊永平縣知縣
車勿	

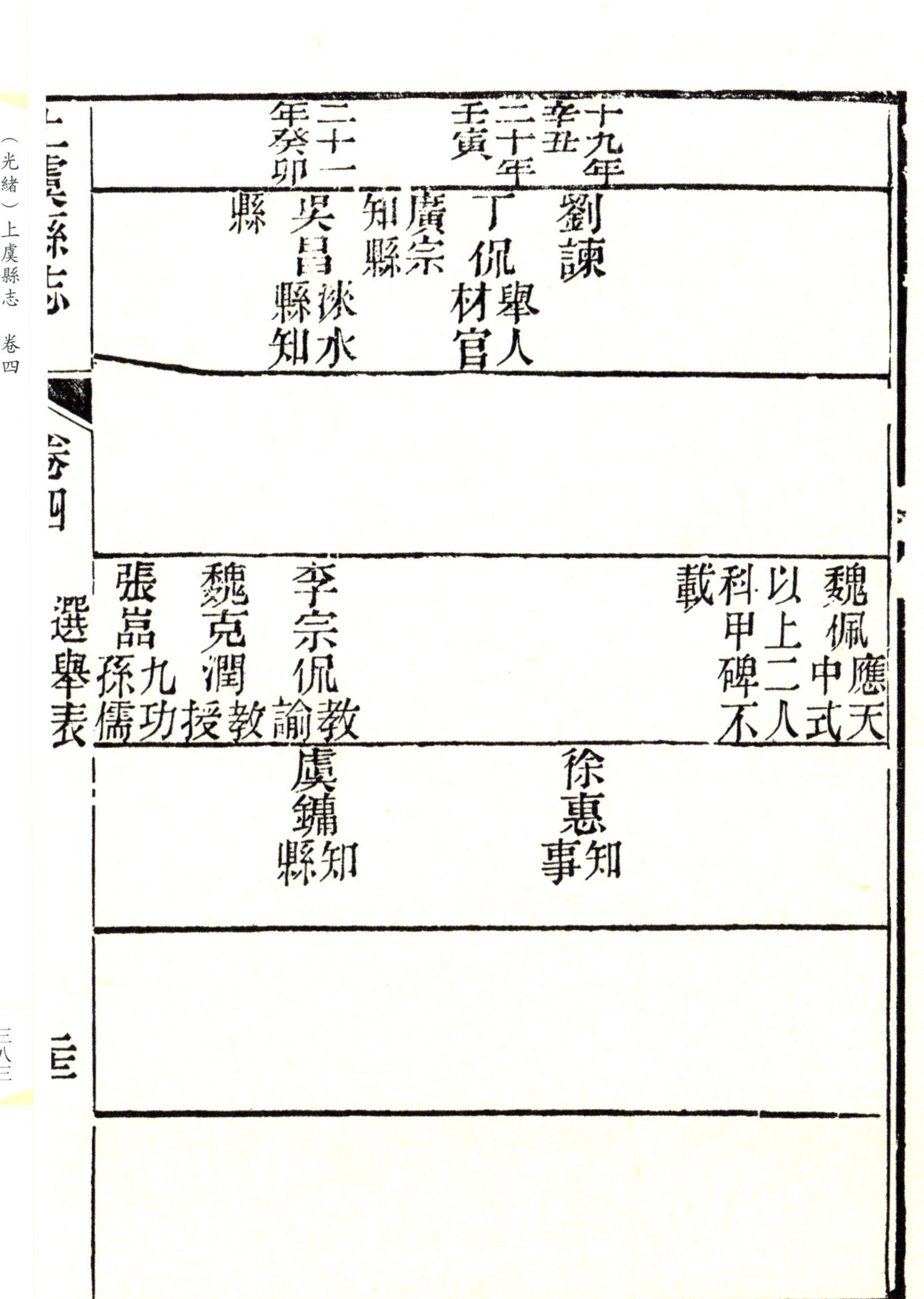

上虞縣志　卷四　選舉表

十九年辛丑	二十年壬寅	二十一年癸卯
劉諫	丁侃舉人材官廣宗知縣	吳昌淶水縣知縣
魏佩應天中式　以上二人科甲碑不載		李宗侃教諭　魏克潤教授　張崙九功孫儒
	徐惠知事	虞鏞知縣

	年甲佚	宣德元年丙午 三年戊申 四年己酉
士 壽安儒士		羅瑾
	林釗拔貢 張謨縣丞 王璋江山縣訓導	盧瑜倉副使 石蒙知縣 陳鷹教授

年						
五年庚戌				包祥教諭		
六年辛亥				孔鎭		
七年壬子	張鑑應文學材行科官州判		陳金順天中式科甲碑載己酉 胡淵教授省志不載科甲碑載之府志作山陰人			
八年癸丑		陳金登曹鼐榜				

九年甲寅 十年乙卯	年甲佚	正統元年丙辰 三年戊午 五年庚申 六年辛酉
陳禧 順天中式	李宗皐 見明史兵志	趙佐 順天中式 訓導 羅澄 瑾子
沈晃 教諭		吳隆 縣丞 劉綏 諫子許州知州 壽綱 教諭
		陳志甯 順天

七年壬戌

中式

羅澄　登劉儼榜

傅瓛　通判

張彝　經歷

何禎　經歷

盧怡

九年甲子

范升　舉經明行修

俞謐　膺懷才抱德科　豐城縣丞

趙永　教諭

楊庸　教諭

貝昫　秉彝孫　教授

王震　訓導

十年乙丑

葉晃

王鉉 兵科給事中河南布政司右參議

登商輅榜

王鉉 祗曾孫

葉晃 順天中式

葉德順 滄州籍學正科甲碑不載

陳志甯

十二年丁卯		年甲佚	景泰元年庚午
張璨 子居傑			
薛頍 省志作頤	訓導 鄭勤 順天中式		陳鶚 長史 趙鍊 知州 杜鎡 同知 謝鳳 知府 謝璉 鎮江府教
		鍾具瞻	
陳偉 順天中式			

		二年辛未	三年壬申	四年癸酉	五年甲戌
		薛伯順貴溪縣丞			
授	李景修應天中式知縣			趙璉溧陽縣教諭	
		張珮	謝琦知事	趙誠訓導	盧坰經歷
					陳偉

六年乙亥	七年丙子	年甲佚
	吳孟祺訓導	張璇居彥子應懷才抱德科歷任孟
	吳昶儒士德安縣知縣 俞繪 鍾炫知縣 俞昇羅源縣知縣	
陳奇訓導		陳贊

	天順元年丁丑	三年己卯	四年庚辰
縣丞永清 知縣			
	鄭勤 義勇中衛軍籍官知府登黎淳榜		陳暉 登王一夔榜
		王進 陳暉 應天中式 傳作輝	
	張達	謝億 經歷	

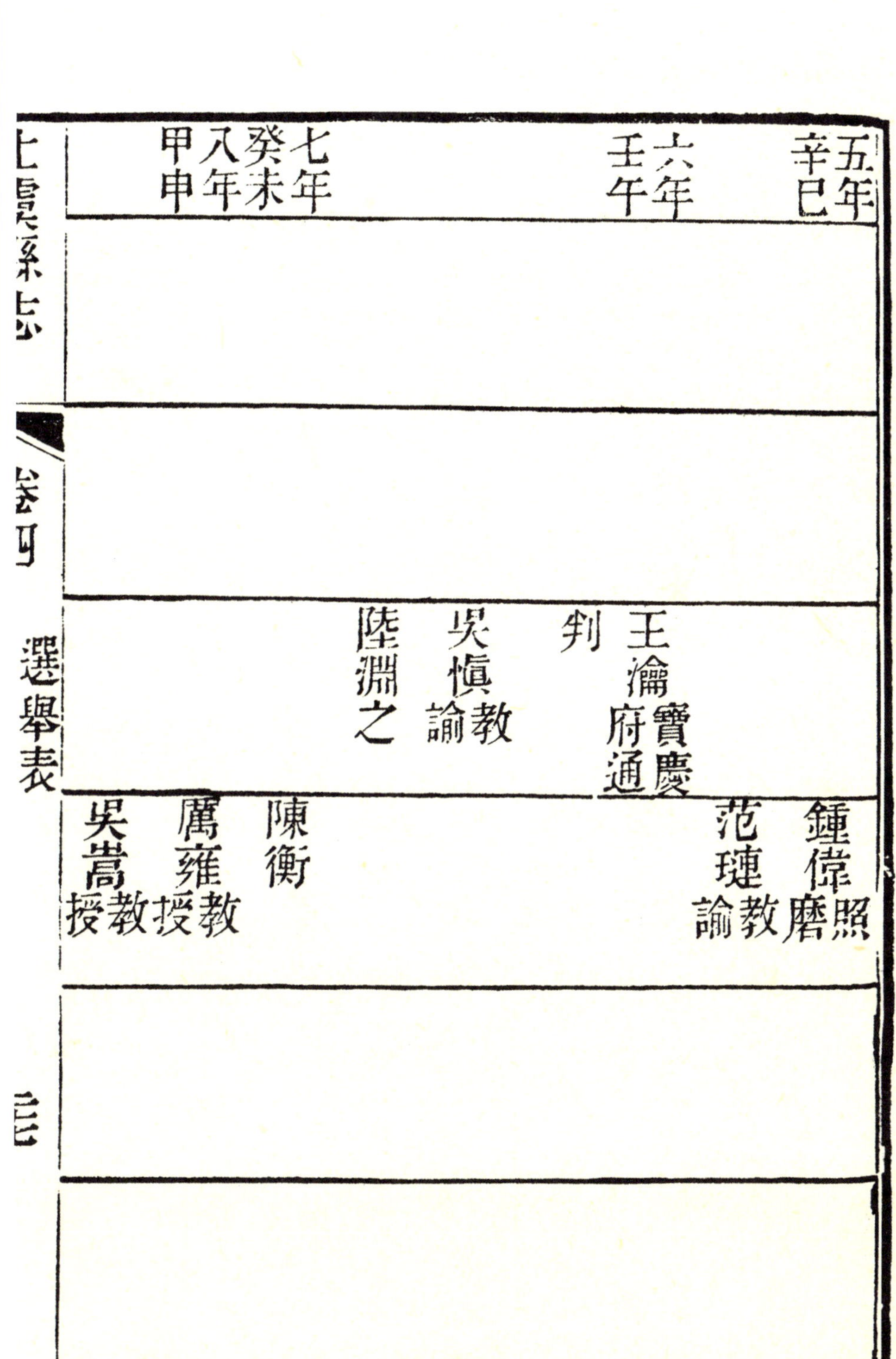

年				
五年辛巳				鍾偉照磨　范璉教諭
六年壬午			王綸寶慶府通判　吳愼教諭　陸淵之	
七年癸未				陳衡
八年甲申				厲雍教授　吳嵩教授

鍾初知縣

車誠通判

余良訓導

王謨

周韶州同

羅祿知縣

周諒訓導

陳瑗知縣

巳上九

人選貢

成化元年乙酉	二年丙戌	三年丁亥
	陸淵之留守中衛軍籍 王進 登羅倫榜	
茅和通判 王簡知州 李鑑順天中式知縣		
顏杲訓導		王恂知州

四年戊子

五年己丑

七年辛卯

葉璺　教諭

洪鍾　錢塘籍

徐抃　府志誤作扑

薛蕃　儒士　盧江

陳庠　知縣

唐項

張克濟　秦州

府同知

趙徵　理問

十一年乙未	十年甲午	九年癸巳	八年壬辰
洪鍾刑部尚書謝遷榜登			
劉珩	張棨歷任邵武韶州府同知		縣知縣
		劉燦珩弟含山縣知縣	龔球經歷

年		進士	舉人	貢		
十二年丙申				賈暹教諭		
十四年戊戌		劉珩登曾彥榜		鍾圭訓導		
十六年庚子			葛瓚九江府通判	趙銓提舉		
十八年壬寅				郭寶訓導		
十九年癸卯			陳汝勉儒士			
二十年甲辰			壽儒	謝浙訓導		

二十二年丙午

潘府

張儼歷任穎上延平漳州廣州同知

杜淮知縣

姚鎧

賈宗易知縣

陳大經

尹洪

張錦順天中式

朱鐸教諭

二十三年丁未	宏治元年戊申 二年己酉
潘府 壽儒 湖廣蘄州籍官主事登費宏榜	
韓銑 順天中式 科甲碑不載	葛浩 啟曾孫 孫景雲
	薛貴 經歷

三年庚戌

五年壬子

尹洪錦衣衛籍

御史陳大經

登錢福榜

張文淵

龔侃通判

陳大紀大經弟

陳璠

何璉教諭

趙瀾

七年甲寅	八年乙卯	九年丙辰	十年丁巳
郭彥安州判			
		陳大紀 葛浩 登朱希周榜	
	任德和經魁 謝忠 徐朴一作樸		
葛銘啟孫訓導			范塤鄖城縣知縣河南通志作監生

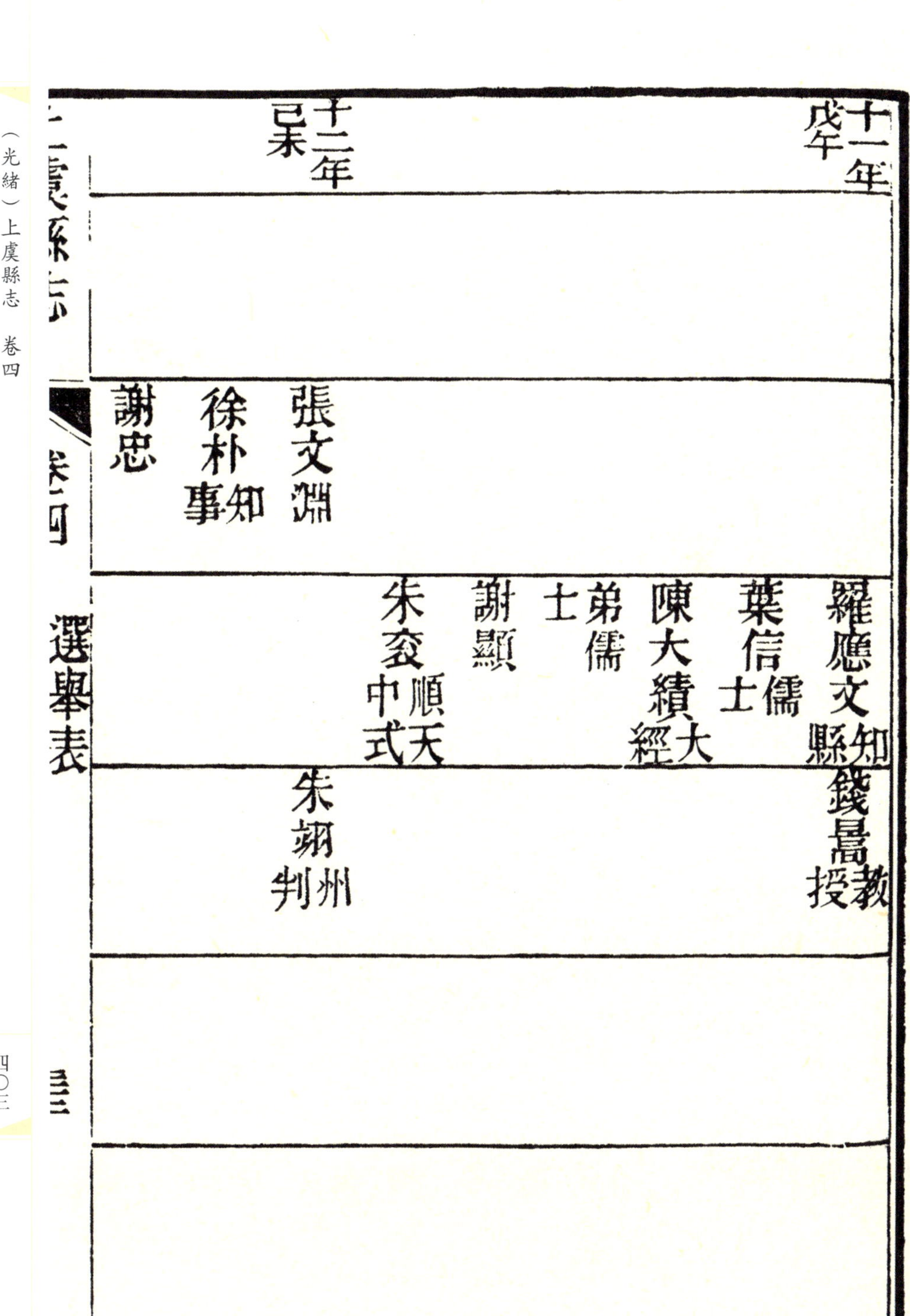

十一年戊午

羅應文知縣
葉信儒士
陳大績大經弟儒士
謝顯
朱袞順天中式

錢暠教授

十二年己未

張文淵
徐朴知事
謝忠

朱翊州判

十三年庚申
十四年辛酉

孫景雲
張錦錦衣衛籍
知府張倫文登榜敘

徐子熙經魁
潘銳御史
王棟訓導
張文澐文淵

陸謨訓導
虞璧訓導

十五年壬戌	十六年癸亥	十七年甲子	十八年乙丑
朱袞 葉信知府登康海榜			徐子熙
弟儒士 陳鰲武甯知縣		潘釪通判 傅南喬	
	王鏞教諭		鍾球教諭

紀年	進士	舉人	貢	歲貢
正德元年丙寅	徐文虎浙江通志作舉賢良方正	登顧鼎臣榜	曹軒	葛瑀訓導
二年丁卯			葛木浩長子	
三年戊辰		謝顯仁和籍知縣 登呂柟榜	顏瞻	

四年己巳	五年庚午	六年辛未
		張文澐
	謝元順澤曾孫　陳直卿　石淵之儒士　知縣諸克諧訓導　倪鎧	
茅圻訓導		王仁進子

八年癸酉	九年甲戌	十年乙亥	十一年丙子
登楊愼榜	曹軒 僉事 登唐臯榜		
曹輔 軒弟 陳楠 潘周錫 士儒 工部員外郎			徐子俊
竺一恕 訓導		朱文淵	

十二年丁丑

葛木
車純
徐子俊
曹輻參議

羅瑞登鬱林州知州
車純
陸瑲順天中式知縣

十四年己卯

傅南喬 山陰軍籍同知

謝元順 會稽籍郎中

登舒芬榜

徐子忱

徐子宜

劉鶴 珩孫

徐子厚 文彪子 貢副

謝純 應天副貢

嘉靖庚子又登副榜

年甲戌	嘉靖元年壬午	四年乙酉
徐子然 膺經明行修聘		
	陳紹 陳洙 尹實 太僕寺丞 胡景華 丙戌會試登副榜知縣	
徐大畧 理問 葛甯國 訓導 葛瑋 訓導 潘鎧 學正	陳檝 大理府知府	
	羅瑞廷	

五年丙戌

陳楠 登龔用卿榜

嚴時中 通判

七年戊子

賈大亨

謝瑜

姚翔鳳 鏜孫

八年己丑

陳洙 登羅洪先榜

趙鳳

十年辛卯

葉經

徐球 廬州府教

	十一年壬辰	十二年癸巳
		張世宜膺賢
	姚翺鳳省志作餘姚人誤 葉經 謝瑜 登林大欽榜	
	陳如愚長授史 潘璋順天中式 知縣	
		陳德明恩縣

	十三年甲午	十四年乙未	十六年丁酉
才聘江南亳縣知縣刋補云萬歷王午膺聘			
		陳紹登韓應龍榜	
	陳佐 徐惟賢		范晉歸長史 陳絳
知縣		羅康選貢	趙汝彰拔貢

十七年戊戌

十九年庚子

賈大亨

登茅瓚榜

謝讓

陳講知縣

謝朏舊作朏今從科甲碑及省志

葛柟

劉本順天中式

通判

張健滋府教授

二十一年壬寅　二十二年癸卯　二十三年甲辰

徐惟賢
徐學詩

丁時 順天中式
冀州知州
陳信
徐學詩 子忱子

陳繪 廣東程鄉縣知縣
陳宗岳
張炳

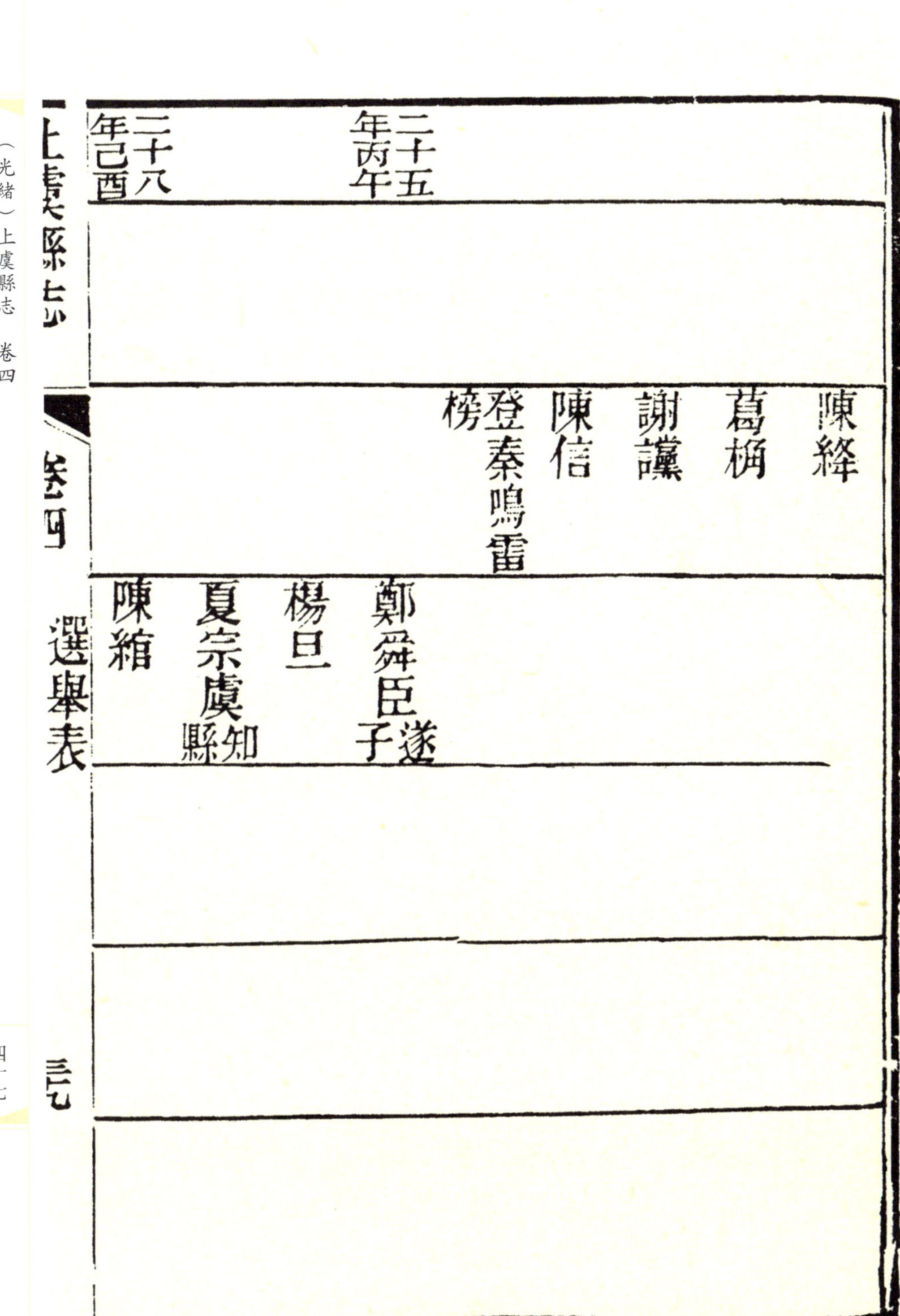

二十五年丙午

二十八年己酉

陳繹

葛柄

謝讜

陳信

登秦鳴雷榜

鄭舜臣 遂子

楊旦

夏宗虞 知縣

陳縉

三十一年壬子	三十二年癸丑
	陳綰
張承賚 金柱儒士 羅康順天中式武清縣知縣 潘清亶 陳王政推官 潘巨貫順天中式科甲碑不載	
徐子麟	

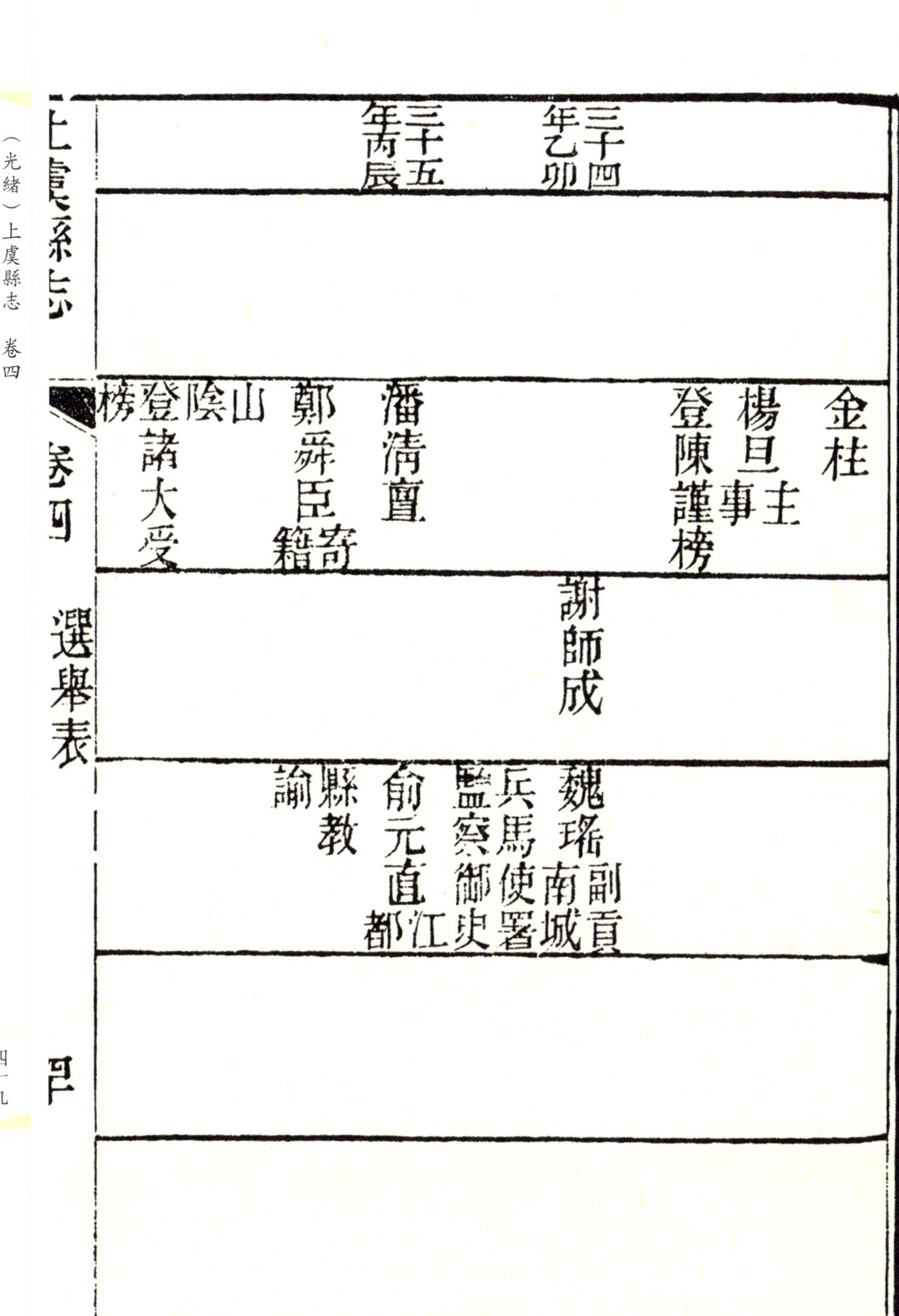

三十四年乙卯
三十五年丙辰

金柱
楊旦　主事
登陳謹榜
潘清亶
鄭舜臣　寄籍
山陰登諸大受榜

謝師成

魏瑤　副貢　南城兵馬使署監察御史
俞元直　江都縣教諭

	三十七年戊午	三十八年己未	四十年辛酉
		張承賚 潘艮貴運使 登丁士美榜	
	朱朋求子袞 謝師嚴師成弟		徐寅訓導 陳王庭 鍾穀
			徐希明副貢
			趙全璧天順 中式

四十一年壬戌

四十三年甲子

朱朋求

鍾轂

登申時行榜

鄭一麟 舜臣子

徐希明 子麟子

陳金 應天中式 與宣德己酉陳金異

趙國鎮

四十四年乙丑	年甲　佚
謝師嚴　登范應期榜	
陳輅　恩貢	丁統　歲貢教授 朱翬　訓導 沈琦　訓導 鍾定 成漢　訓導 陳雷　訓導 陳端　教諭

陳相 訓導

楊楷 訓導

張文潛 教授

張氏譜作文漸

王仕 進次子高

要縣訓導

羅瑞明 歲貢

應文子無爲州學正

羅守義 學正

姚存誠 訓導

唐良才 訓導

戚維 教諭

謝鳴治 教諭

茅封 訓導

徐國賓 教諭

唐良心 教諭

徐言 教諭

石轅 崇德縣訓

隆慶元年丁卯

導

馮子龍　選貢

丁大經　曲靖衛知事

徐震　德清教諭

顧充

劉士彥

徐啟東　子熙

孫隆慶戊辰萬歷甲

陳汝忠

二年戊辰
四年庚午
五年辛未
年甲
佚

謝師成揭陽
知縣
登張元朴
榜

戊兩登會試副榜
倪涑鎧孫
陳民性同知

陳里恩貢濟南府通判
謝應運副貢
沈遵道訓導

陳汝忠

	萬歷元年癸酉
	周炳 同知 顏洪範 [illegible]曾孫 嚴學曾 陳繼疇 旦子
劉熠 府學恩貢 陳和 東流縣教諭 葛焜 木子	

二年甲戌		倪涑 孫繼皐登榜	
四年丙子			李雲龍順天中式 陸鯉順天中式 知府
五年丁丑		鄭一麟山陰籍 沈懋學登榜	

七年己卯	八年庚辰	九年辛巳	十年壬午
石有聲 陳繼志旦子 歷任碭山鳳陽知縣兼理兩淮鹽務			徐鄰
	陳泰旦縉子 北勝州知州	謝課選貢	
			韓應和順天中式

十一年癸未

十三年乙酉

十六年戊子

陳繼疇

顏洪範

登朱國祚榜

唐藩

徐憲龍改名

爾一學

詩孫

陳仲麟崇仁縣知縣

徐卿龍副貢

顏學文戊子辛卯兩登順天副榜

顏學道戊子辛卯甲午三登順天副榜

	十七年己丑	二十一年癸巳	二十二年甲午
		張大中舉博學鴻詞官國子監學錄	
	何大化登焦竑榜		
何大化洪贍祖鍾曾孫			
	陳民愛恩貢教諭		徐如金副貢

二十三年乙未
二十五年丁酉

陳論
徐如翰子麟
子省志翰誤作瀚
徐艮棟
薛思順府志
薛誤作蕭

陳志埈紹孫
選貢
趙鶴齡
徐兆龍學詩
孫副貢

陳汝孝

年						
二十六年戊戌		洪瞻祖仁和人上虞籍右都御史南贛巡撫登趙秉忠榜			陳汝孝	
二十八年庚子			陳志澄紹孫經魁南直虹縣知縣省志澄作登 陳宇刑部主事	徐景麟副貢 徐如玉副貢 陳佩歲貢		顧文綱順天中式
二十九年辛丑		徐良棟			黃鉞武科第一	

三十年壬寅

三十一年癸卯

徐如翰

登張以誠榜

顏洪節改名

日愉洪範弟

趙孟周

吳士觀順天中式

陳泰來縉子

府學歲貢

趙龜齡嘉慶

志脫龜字

顧文綱北京

巡馬部司

顧夢科順天中式

三十四年丙午	三十五年丁未	三十七年己酉
	趙孟周南豐縣知縣登黃士俊榜	
徐人龍鄞子經魁 李懋芳		徐宏泰 鄭祖法 徐顯
葛炳清流縣教諭		徐宗孺人龍兄副貢壬子科又登副榜
		陳嘉謨

三十八年庚戌

鄭祖法延平府知府

府

徐顯改名觀復

登韓敬榜

周夢尹

倪元璐涷子

陳仕美應天中式齊東縣知縣

顧兌元弟歲貢

荆州府教授

四十年壬子

謝偉敘州同知

丁文煥副貢

顧景元北直

四十一年癸丑	四十三年乙卯
周夢尹　李懋芳	登周延儒榜
徐鴻儒改名景行艮棟子順天中式德平縣知縣	石元忠有聲子教諭　潘灼
顧景元武科第一	
武驤衛籍	

四十四年丙辰

徐宗孺

徐人龍

潘灼 沐陽知縣

登錢士升榜

四十六年戊午

陳維新

丁進

徐宗孺 鄰子

順天中式

倪元琪

四十七年己未

徐景麟
丁進
登莊際昌榜

徐景麟　宗淵
范澄清
孫甯化　縣知縣
潘振宗　天順
中式

陳儁　雲南參將

年甲佚

趙莘　康熙志作
陳拱　廣東副總
黃鉞

一莘湖口兵

縣知縣

徐汝中訓導

張源通城縣訓導

陸鯉

陸汝溥訓導

陳希周訓導

陳勲訓導

潘清光教授

趙仲相

成大器

嚴秉和府學

歲貢

王文紘進曾孫舊志作文絃誤

唐芳選貢通判

鍾意

葉志雍經子

	天啟元年辛酉
	倪文熺 徐言達爾一子
恩貢 單栻 陸定金華教諭 劉進身 章尚絅知縣 顧津	胡多順景華子拔貢南和縣知縣嘉慶志重列萬歷中
	顧承元文綱子順天中式

二年壬戌

倪元璐

倪元珙

陳維新

登文震孟榜

顧儀

陳汝奇山陰籍省志作甯波人永嘉教諭

顏掄揆洪範

姚九章歲貢永平府通判擢御史

丁培恩貢福建甯化縣訓導

陳汝璧副貢

四年甲子

顧啟明天順

七年丁卯

孫經元

陳約

陳志夔知縣

徐廷英希明

孫敃名一掄

趙德遴應天

經元省志

作德麟錢塘人

葉煥泗州知府

陸耀卿副貢

中式

顧鼎順天中式

年甲佚

陳百奇 江南銅陵縣知縣
陳美發 約子
趙履祥 仲相孫
葛龍官 知縣
葛百宜 焜孫
徐允昇

竺一鶴鳴 南甯

崇禎元年戊辰	
徐允昇廣東兵備道	
	府知府舊志作竺鶚烏誤 魏元徵縣丞 姚龍光餘杭縣訓導 陳贊明湖州府訓導

三年庚午

四年辛未

陳美發　登劉若宰榜

顧儀　仁和人上虞籍郎中

趙履光　履祥弟

倪嘉賓　北通州知州

范兆澄　登清子副貢

張維　歲貢

黃慶遠　副貢　壬午又中副元

徐至美

陳元霖

陳大材　安徽副總兵

六年癸酉

九年丙子

登陳于泰榜

羅覺來 應天中式

曹應登 桐廬縣教諭

徐景辰 岐山縣知縣

蔣文運 順天中式

郭振清 歲貢

黃慶逵 歲貢

十年丁丑	十二年己卯	十五年壬午
蔣文運大興籍常熟縣知縣登劉同升榜		
	葛三錫 陸儀九應天中式	徐復儀惟賢孫 朱魁鰲
謝君顯選貢廣東瓊州府推官		

上虞縣志 卷四

十六年癸

徐復儀
登楊廷鑑榜

王執中 順天
中式

薛仲龍

年甲
佚

朱英奇
金劉勃
周天祐 拔貢
張益
葛泰元 訓導

姚衍禮
蔣英
陳明詔 順天
中式改
名光遠
倪越素 江西

	弘光乙酉	魯王監國乙酉	國朝	順治二年乙酉
			徵辟	
			進士	
			舉人	
姚珽 葛天錫 恩貢 葛龍錫 恩貢 黃璟 拔貢 教授 黃儀甫 歲貢	趙文杞 歲貢	張上翥 恩貢	貢生	黃應乾 恩貢
			武進士	
陳嘉言 都指揮使同知 順天中式 徐至美			武舉	

四年丁亥	五年戊子	六年己丑
顧虞龍山東清平縣知縣 謝重輝省志脫輝字嚴州府教授 姚泰塤		
徐允章拔貢西安衛經歷 錢鑛歲貢龍游縣訓導 陳大倫歲貢江西玉山縣教諭		
丁暹錢塘籍府志作丁墀 陳一新六合守備		

八年辛卯	九年壬辰	十一年甲午	十三年丙申	十四年丁酉
陳儁卿		徐元愷　李平孫懋芳		唐徵麟　賈驤衢州府教
葛翊宸拔貢		趙震陽恩　貢	趙錫祚歲貢	訓導
	鍾鉉			
鍾鉉　丁樞功				

十六年己亥

十七年庚子

十八年辛丑

李平籍山陰 登徐元文榜

授

徐增燦 恩貢

徐伯霖 觀復

于歲貢廣西宣化縣

管城府志作會稽人

管城志作康熙管成列十四年丁酉

年甲
佚

縣丞

姚夢熊　嘉興縣教諭

姚之遴　拔貢　同州州同

陳啟揚　台州訓導

張翼　拔貢　永康縣訓導

錢璧丹陽縣丞

李煥文歲貢

孝豐縣訓導

鄭鴻烈恩貢東城兵馬使副指揮

陳懋覲歲貢

慈谿縣訓導

車允衡

<table>
<tr><th></th><th>康熙二年癸卯</th><th>三年甲辰</th></tr>
<tr><td></td><td></td><td></td></tr>
<tr><td></td><td></td><td>陳儁卿華亭縣知縣</td></tr>
<tr><td></td><td>王履泰順天中式</td><td></td></tr>
<tr><td>姚晉錫
陳書爵
謝鯤歲貢
顧泰颺府志
康熙志
顧作顏</td><td>范嘉謨副貢</td><td></td></tr>
<tr><td></td><td></td><td></td></tr>
<tr><td></td><td>黃爾濟</td><td></td></tr>
</table>

五年丙午
六年丁未
八年己酉

鍾聲之通州籍登嚴我斯榜
朱魁鰲山唐縣知縣登繆彤榜

李撰敘內閣中書

金蛟
徐彪運糧千總

十一年壬子			趙驪淵仁和籍 曹鼎吉	趙際昌震陽子恩貢		
十四年乙卯			杜淇英			
十五年丙辰				范嗣正歲貢		
十六年丁巳			陳克誠省志作克成	宋夢熊訓導		
十七年戊午			范嘉業澄清	胡楨恩貢		

十八年己未

二十年辛酉

二十一年壬戌

徐咸清舉博學宏詞

趙驪淵薦試博學宏詞東陽教諭

范嘉業內閣中書登蔡升元榜

子

周士達

二十三年甲子	二十四年乙丑	二十六年丁卯	二十七年戊辰	二十九年庚午
			杜淇英 登沈廷文榜	
陶觀		馬楠 李瀛 山陰籍		
嚴廷佳 歲貢	陳錫瓚 拔貢			丁治 歲貢
施璿				金章 方文正 省志誤作又正

三十一年壬申	三十二年癸酉	三十三年甲戌	三十五年丙子
		李瀛 三原知縣 胡任興 登榜	
	周超		俞容
徐翼文 府學歲貢 訓導			錢選 副貢
	陳天祺 省元 本姓李舊志重載李天祺	俞彥斌	

三十六年丁丑	三十八年己卯	三十九年庚辰	四十年辛巳	四十一年壬午
		馬楠戶部郎中 登汪繹榜		
	陳銓順天中式			胡世昌 徐雲瑞錢塘籍
曹謙吉歲貢	顧飛璜歲貢	范嘉瑋歲貢 仁和縣訓導	徐增煜訓導	

四十二年癸未	四十四年乙酉
趙殿最戶部侍郎　王式丹登榜	
趙殿最仁和籍　倪運惠順天中式豐潤縣教諭	陳棫　葛成鼎河陰
	顧孝忠歲貢

四十五年丙戌	四十七年戊子	四十八年己丑
胡世昌 登王雲錦榜		陳棫 郴州知州 周超 山西汾陽縣知縣
縣知縣		
		金介檜 狼山參將
	金介檜 省元 章之浩 寧波城守營部司	

	五十年辛卯	五十一年壬辰	五十二年癸巳
	趙國麟山東泰安籍協辦大學士 登趙熊詔榜	徐雲瑞 登王世琛榜	徐雲祥雲瑞
	徐自任 倪洞	呂乾學	陳經
		范兆遠歲貢	
			范宏奏連捷
			趙昭

五十三年甲午

五十六年丁酉

兄連捷登榜

王敬銘

徐雲祥

趙祚昌順天中式

錢必達

張煓於潛教諭

葉蓁

錢陞錢塘籍榜姓陸山西偏關縣知縣

貢駪府學歲貢

鄭彰歲貢

五十七年戊戌 五十九年庚子 六十年辛丑	年甲 佚
韓雲	
顧予錡 歲貢 楊王治 副貢 天台教諭	徐貞 周士誥 拔貢 夏升歌
錢補嵩 武德 昭勇將軍	
錢補嵩	

趙祚昌震陽子 范金城 羅晉介舊志誤作金介 徐鉽 李公庠 張自蕃 梁韋

趙錠

許吉人

趙允昌　震陽子

謝琛

唐聲聞

羅巖

錢霍

柴應櫆

雍正元年癸卯

倪泂
徐自任
登于振榜

倪統

陳毓琳
王以甯
劉元龍
胡璔 恩貢

謝德成 拔貢
陳嘉賓 副貢
徐軾 副貢 舊志
軾謨 作鉞
沈如林 副貢

二年甲辰	三年乙巳	四年丙午
鄭爚　陳捷　張元鑑　趙殿昇仁和籍		陳夔
徐睿照副貢　何塤歲貢	陳瓚歲貢臨海縣訓導	
王雲衢武魁		

年	薦舉			貢		
五年丁未	何克明舉賢良方正					
六年戊申				陳于前歲貢		
七年己酉	倪長庚膺賢良薦			趙金簡拔貢		
八年庚戌				王廷彥歲貢		
十年壬子				夏聲歲貢		
十二年甲寅				徐來復歲貢		
十三年乙卯	徐自信舉博			王增拔貢		

	乾隆元年丙辰	三年戊午
學宏詞以母病不赴 徐宏仁孝舉 廉方正		
	諸葛江通判 署高郵州知州 張鯉 俞學登 趙金簡	李祥麟
范士奇副貢	丁大川恩貢府志列 朱美斯非 趙穀昌震陽 子歲貢	陳呂歲貢
		田聖一

四年己未	五年庚申	六年辛酉
李祥麟貴州安南縣知縣	趙金簡登莊有恭榜	
周伊		馬文炳一作士炳
	黃八傑歲貢	周王器拔貢
		何長庚江南宣州衛千總舊志列康熙癸巳誤

七年壬戌
九年甲子
十年乙丑

趙孫英題名碑錄作孫英大興籍

張鳳閣桐廬縣教諭
張鯤
張鳳翥
趙孫英順天中式

趙正緒歲貢
陳魯歲貢

十一年丙寅	十二年丁卯	十三年戊辰	十五年庚午	十六年辛未
登錢維城榜		張鳳翥 登梁國治榜		張鯤寧波府教
丁大皐歲貢		陳元麟歲貢	陳藜炳恩貢	丁斌歲貢
	徐之騂			

十七年壬申

十八年癸酉

授

登吳鴻榜

徐芳子 宏仁

周王器

趙嵩英 教諭

陳謨 仁和籍

陳潮 府學歲貢

徐殿邦 恩貢

徐期寬 歲貢

潘炳 拔貢 儀徵縣丞

陳龍

十九年甲戌

二十一年丙子

二十三年戊寅

二十四年己卯

李國炳會稽籍

徐錫川順天中式

范衷

徐轂府志作轂

陳廷璣順天

鄭謨歲貢

徐登雲歲貢

祝自超歲貢

二十五年庚辰

二十七年壬午

中式舊志列庚寅年誤

徐思東歷任奉化臨安縣教諭

徐觀海寄籍錢塘知縣

陳燧孝豐縣教諭

王嘉範歲貢

葛宗道恩貢

顧肯堂歲貢

何俊錢塘籍

二十九年甲申				陳洪揆歲貢	
三十年乙酉			徐立綱由宛平籍拔貢順天中式 徐聯奎山陰籍碑録作時奎	傅月峰恩貢 陳廷瓚拔貢 朱芹副貢	
三十一年丙戌		徐聯奎南昌府同知登張書勳榜		徐修德歲貢	何俊福建建寧等處總兵署福建水使厦門提督
三十三年戊子			朱芹改名亦棟	李際麟歲貢	

三十五年庚寅
三十六年辛卯
三十七年壬辰

范衷
登王軒榜誤

平陽縣訓導
范景炎府志誤作景文
泰順教諭
章鋼
章鍇舊志作階
王復旦

章軒歲貢
陳師軾恩貢

三十九年甲午	
石志仁 胡如澎改名如瀛 顧曦順天中式仁和縣教諭 趙驥順天中式 陳楷模兄石門縣教諭	
許贊歲貢 湯滏副貢訓導 馬士堅歲貢	

四十年乙未	四十一年丙申	四十二年丁酉	四十三年戊戌
徐立綱改歸原籍編修記名御史登吳錫齡榜			
		顧廷瑜順天中式仁懷縣知縣 徐熙順天中式原名肇湘改名配義	
	管聲歲貢	金廷桂拔貢 徐世機副貢	陳傑士歲貢

四十四年己亥	四十五年庚子	四十六年辛丑
	趙驤湖州府教授歷廣東崇化縣知縣欽州知州	石志仁登汪如洋榜
羅際隆 王煦 王鳳翽廣東和平縣知縣	章經鋗子	
	賈夢熊恩貢	桑景翰歲貢

四十七年壬寅

四十八年癸卯

四十九年甲辰

五十年乙巳

登錢棨榜

謝培　知縣

錢燦　殿宣弟，湯溪縣教諭

錢殿宣　新城縣訓導

吳櫻　歲貢

陸平世　歲貢

唐秉泰　恩

五十一年丙午

五十三年戊申

五十四年己酉

陳崑元

何錯改名鉅寄籍昌平州官雞澤縣

貢

嚴燓副貢

陳壇府學歲貢

羅大鼎歲貢

張駛府學歲貢

鄭哲貽歲貢

府志列周鼐非

吳敢焞拔貢壽昌縣教諭

五十五年庚戌

五十七年壬子

訓導

王登堦　永康縣教諭

張麐　直隸宛平縣知縣

朱王　順天中式四川鹽亭縣知縣

羅燿　恩貢

賈敬存　歲貢

阮寅　歲貢

五十九年甲寅	六十年乙卯
陳楠順天中式　俞震順天中式　陳藩遂安縣教諭	趙應奎　趙世鴻
劉曙霞歲貢	徐世枚副貢立綱子　張濤鳳翥孫順天副貢　錢殿緯歲貢

嘉慶元年丙辰

三年戊午

王登墉登增

弟

徐肆三改名

迪惠

陳夢星改名廷模金華縣教諭

沈德林恩貢

朱璟歲貢

錢暄歲貢

趙公邁欽賜副貢

葉煌　遂昌縣訓導

夏琳　順天中式獲嘉縣知縣

沈省連　教諭

王達善　順天中式

金城　雜谷廳籍陝西鳳翔縣知縣

年				
五年庚申			謝峕署山西長治縣知縣　羅嘉源改名禹原順天中式直隸滄州學正　趙公邁欽賜舉人辛酉欽賜進士授國子監學正	曹炳恩貢
六年辛酉			徐松籍大興	錢騋拔貢

九年甲子	十年乙丑
	徐松傳臚榆林府知府登彭浚榜
陳均太平縣教諭 糜錦標順天中式 范廷懋順天中式蘭谿縣教諭	
陳天爵副貢 胡雲煥歲貢	

十一年丙寅	十二年丁卯	十三年戊辰	十五年庚午
徐鳳起欽賜舉人戊辰欽賜翰林院檢討		錢珏東陽縣教諭	張之翰東陽
顧恒府學歲貢	丁丹書副貢蘭谿縣教諭	羅枬歲貢衢州府訓導　項如塤欽賜副貢	趙琴恩貢

縣訓導呂蕙蘭

錢駿

十六年辛未

錢駿登蔣立鏞榜

十八年癸酉

何之俊鍇子

胡樹本府學

拔貢金華府訓導

錢應涵拔貢

徐樹丹副貢

范人龍

十九年甲戌

二十一年丙子

二十三年戊寅

馬騰飛天順中式

桐廬縣教諭

嚴鵬飛

夏維周

丁軾俱欽賜

副貢

魏斌歲貢

嚴守謙副貢

徐文潮恩貢

二十四年己卯	二十五年庚辰
錢應涵經魁 應培弟嘉興縣訓導 倪璜 陳廷連歷任碭山淸河縣知縣 錢應昇應涵弟	
成潤之歲貢	陳其書歲貢

錢鑑歲貢

年甲
佚

陳光嶽

馬呈經

呂蕙蘭

金璟俱歲貢

道光元年辛巳

錢玫珽弟舉孝廉方正任西安教諭昌化訓導

倪燗分水縣教諭

萬文煚

沈淸瀾

上虞縣志　卷四　選舉表

二年壬午

錢獻原名暦

陳寶三陝西吳堡縣知縣

錢應培

曹鳳標武義縣訓導

胡文照順天中式

許正綬

錢協和優貢

三年癸未

四年甲申

萬文眼

登林召棠榜

孫貽謀鄞縣教諭

王天錫順天中式一作天爕

連飛熊鄞縣籍

陳綺樹歲貢

趙圻歲貢

經維翰歲貢

五年乙酉	六年丙戌	八年戊子
錢協和內閣中書 錢福熙松陽縣訓導 潘斌順天中式		陳洪昌 劉鎮揚
王夢柯拔貢	周廷濂歲貢 鍾斌歲貢	王邦燕歲貢
		虞錫朋

十一年辛卯

金階原名灝順天中式

夏謙順天中式

王振綱

龔裕改名子晉

王秉楏原名夢柯順天中式

陳廷濬順天中式

謝簡廷副貢

十二年壬辰	十四年甲午
謝采 歷署平湖武康樂清慶元縣訓導 王清渠 登階子順天中式榜名葉煌 徐祖望 順天中式	何芾棠 新城
經坊 歲貢	李貫 歲貢
	戚維熊

十五年乙未

俞賡颺 縣訓導

經文翰 順天中式榜姓張

陳玘 經魁

倪暄

羅寶森

俞潘 江西宜春縣知縣

錢裕 副貢

王濬 歲貢

戚維熊 藍翎侍衞

戚光緒 餘姚滸山汎官

十六年丙申	十七年丁酉	十九年己亥	二十年庚子
			王清渠改名
金朝棟子階，順天中式，歷任知縣	朱旌臣解元 陳遇清 袁希祖漢陽籍	鄭燦改名炳烇	
夏鈞恩貢	顧璪拔貢		宋清歲貢

選舉表

二十二年壬寅
二十三年癸卯
二十四年甲辰

怡善歷任知縣登李承霖榜

張襄順天中式
夏雲煥順天中式歷署山東濟南曹州武定知府
田俊千改名士昀

謝鶴齡歲貢
徐棠歲貢

年				
二十五年乙巳		羅寳森翰林院庶吉士刑部郎中登蕭錦忠榜	葉廉鍔平湖籍	
二十六年丙午			夏煥章永定縣知縣 陳光斗廷連子	曹日丹恩貢

二十七年丁未

袁希祖　登張之萬榜

劉煇

二十八年戊申

徐均　順天中式

徐壿　順天中式

羅文濤　順天中式

錢紀勳　歲貢

王鏗　拔貢

徐虔復　原名鼎梅副貢

二十九年己酉

徐汝賢　改名子晉副貢遂安縣教

三十年庚戌	年甲佚
諭　趙鑒副貢　許學堃恩貢　魏露芬歲貢	王曰賡　倪端　龔蘇　周之冕

	咸豐元年辛亥	二年壬子
		陳景祺原名光斗
	周鼎祚原名夢崔	
曹桂 陳官壽	金敞恩貢 胡心庠順天副貢 周學濂欽賜副貢	王志熙恩貢

三年癸丑	五年甲寅	六年丙辰	七年丁巳	八年戊午
登章鋆榜				
				錢炳範
陳丙恩貢 傅宗說歲貢歷任黄巖泰順教諭	杜景延恩貢	徐煥文歲貢 魏鎮歲貢	徐肇聰歲貢	胡蘭歲貢

九年己未

十年庚申

錢世叙

登鍾駿聲榜

錢世叙

徐作梅

連自華優貢

寄籍錢塘貢

湖南興甯

縣知縣

王瓆歲貢

徐炳恩貢

衢州嘉興府教授

徐垚樹丹子歲貢

十一年辛酉	同治元年壬戌
朱懋政拔貢 刑部郎中 徐彥藻原名 升堂府學歲貢 徐壽南欽賜副貢	趙漣恩貢瑞安訓導 韓文熙歲貢

四年乙丑補行咸豐辛酉並壬戌恩科　五年丙寅　六年丁卯並補行甲子科

謝覲光　陳夢麟景祺子　錢容　胡仁燿　羅樹棠瑞安

羅瑞璋副貢　萬士周歲貢　錢錦章恩貢　張萬選歲貢　連茹副貢　徐澍嘉副貢

劉紹安　宋文炅

（前頁續）	七年戊辰	八年己巳	九年庚午
		王琖舉孝廉方正	
	徐作梅廣西北流縣知縣　登洪鈞榜		
縣教諭			葉向榮東陽
陳介壽　葉堯春俱欽賜副貢	羅寶煦歲貢		俞載欽歲貢
徐騰雲			

十年辛未

十一年壬申

十二年癸酉

陳夢麟右春坊右中允登梁耀樞榜

縣訓導

任駿浦江縣訓導

王師曾天錫

陳月梯欽賜副貢

曹濬恩貢

丁學之歲貢

宋棠拔貢

十三年甲戌	光緒元年乙亥
孫經魁 王濟清	莫峻 連文沖錢塘籍自華子
朱孔陽副貢 嚴徵庶 金師梁 趙鴻漸俱欽賜副貢 陳梁材歲貢	

二年丙子	三年丁丑	四年戊寅
		谷鏞 舉孝廉方正
莫峻 刑部主事 登曹鴻勛榜	連文沖 內閣中書 登王仁堪榜	
賈淇 朱裳士徽 改名 杜召棠 錢繼曾		
柴毓秀 恩貢 袁炘照 歲貢	金鑑 府學歲貢	錢維和 歲貢

五年己卯
六年庚辰
八年壬午

錢玉綸 舉孝廉方正
王受豫 舉孝廉方正

吳聲律 順天中式

杜煥章 副貢
黃維翰 恩貢
嚴濟寬 府學歲貢
黃采風 歲貢
錢純 恩貢
錢振鎬 副貢 遂昌縣教諭

九年癸未

十年甲申

十一年乙酉

十二年丙戌

朱士黻

登趙以炯榜

黃采風

連文淵文沖弟

陳經歲貢

徐有常府學

歲貢

連蘅歲貢

曹官俊拔貢

朱贇湯副貢

連葆仁副貢

嚴寅恭府學

歲貢

十四年戊子

趙琴 秀水訓導
徐承宣 彥藻
子
何紹聞
張晉鑑 萬選
子

成人美 歲貢
王渭 歲貢
王恩元 優貢
谷南林 欽賜副貢

十五年己丑

徐紹謙
徐智光

陳世楷 遇清
子 恩貢

十六年庚寅

十七年辛卯

王佐

夏鍾濤 錢塘籍

錢振麟

黃鍾俊 柔風子

徐宗祐 恩貢

錢慶榮 歲貢

附考

宋

劉少璁 案劉氏譜宋祥符間進士更名瑜官祕書省校書郎少璟省志既無劉氏譜亦不言進士删

黄韶中張延壽 舊志作政和八年嘉王榜案宋史徽宗本紀政和七年六月以嘉王楷爲太傅重和元年三月令嘉王楷赴廷對有司以嘉王楷爲第一帝不欲楷先多士遂以王昂爲榜首舊誤今正

稽琬 正統志字大珪登紹興八年進士第調上饒尉後通判衡州奉祠而歸晚歲屬疾命子書五福二字曰吾無憾矣誦皇極終篇而逝

劉開劉問劉閎劉聞劉閏劉閌劉昌世劉邦義劉邦休劉昌辰劉昌朝劉元震劉昌齡劉建鶚劉漢儀 案宋制貢舉設進士

九經五經開元禮後改稱通禮三史三禮三傳學究明經明法等科皆秋取解冬集禮部春考試合格及第者列名放榜於尚書省皆本貫發解以本判官試進士錄事參軍試諸科所試合格取通多業精者爲上餘次之解文首具元請解及已落見解人數進士文卷諸科義卷帖由並隨解文送貢院又貢士及諸科十五舉以上終場者具姓名以聞賜本科出身謂之特奏名以別於正奏名進士也禮部考試謂之省試覆試禮部合格舉人謂之殿試故有省元狀元之別鄉舉不中第次仍考較有恩免者謂之免解選舉之外又有制科制科無常科天子親策之有賢良方正能直言極諫經學優深詳嫻吏理博通墳典才識兼茂高蹈邱園茂才異等諸科正統志選舉宋代止列進士萬歷志以應制科者入薦辟登進士第者入進士中諸科者無人不立嘉慶志僭不知宋代貢舉成法以劉開等舉進士不第者入之進士以劉邦義等應舉者列之舉人不合宋制謹皆從刪又嘉慶志薦辟紹熙中有陳策不著舉某制科並從萬歷志之例就刪

豐有俊浙江通志鄞縣上虞兩列其名鄞作有
俊虞作友俊案絜齋集實作有俊據改

周之瑞浙江通志入上虞案宋高似孫剡錄進士題名載
之瑞上舍出身又萬歷府志嘉定元年周之章下
注之瑞弟嵊人
謹從刋誤刪

盧補之申宋說任必萬過文煥田廙五人通志亦入上虞
案萬歷志不載俞府
志作嵊人紹定二年進士任貴下注必萬子嵊人嘉熙
二年進士過正己下注文煥弟嵊人文通府志本作文
煥知五人爲嵊人
無疑從刋誤刪

趙希𣏌舊作汴今從正統志改又希𣏌以下七趙省志府
志均不載舊志止列其名不詳家世仕履今從補
稿
增

高不愳正統志作高愳省　孫煃祖省志作孫爕視嘉
志作高不愳誤　慶志誤作洽祖

劉漢傑 案景定六年進士正統萬歷志無漢傑名省府志同嘉慶志入之誤

趙必蒸 趙氏家集初名湘號宗諭別號南谷老人趙與闒有賀南谷兄與男孫同科詩又趙琴三忠祠記必蒸與子艮坡孫友直同舉咸淳元年進士舊無今據補稿增

李知退 案嘉泰會稽志李光傳孫知退登進士以無時代年甲可稽故附於末後凡云某時徵辟進士舉人均倣此

元

張德玉張起巖徐宗堯徐椿張以甯陳甯 案正統志萬歷志省志府志元代選舉虞無一人嘉慶志據各家譜牒妄增數人如起巖以甯均非虞人率皆牽入其餘所載亦無確據謹從前志闕之

明

張公器　刊誤字從善洪武辛亥四年膺聘官建德縣賑濟有功催科不擾事載建德縣志舊作三十四年非今改

俞誠　萬歷志列洪武二十二年嘉慶志云六年與族弟恭並以劉伯温薦授刑部主事後詔求直言特授刑科給事中彈劾不避權貴人皆憚之沈奎補傳云洪武六年癸丑詔停科舉命吏部訪求賢才劉基薦誠爲刑部主事據此誠與恭均宜改入六年恭萬歷志但言家貧力學師事劉伯温以賢才應詔試天官中選授兵部主事遂乞歸不言某年薦舉姑仍其舊

車儀　案車純始祖廟記云義初特奏名進士主天官文選郎事坐連胡黨籍没遠邊謝肅送車義初歸京師序洪武十一年簡拔太學生之高才者四十有二人吾鄉車義初裒然在四十二人之列義初即儀字其簡拔在

洪武戊午舊列

已酉誤今改

屠士宏　補稿字霞林奉新縣知縣謝肅密菴集送屠士宏應召序上奉天命爲天子十有五年朝諭各布政司暨府州縣民間秀才三十以上七十以下悉徵赴京師於是上虞士應詔者若干人其一則屠士宏也據此士宏當改入十五年

舊作三十二年誤

丁宜民　萬歷志方孝孺修樂平縣志謂民利之所在不爲勢屈法之所加不爲私阻後歸隱西燕塘著有康山詩集祀樂平名宦

劉鵬陳山許昇　案劉鵬守拙編序云洪武辛未鵬與陳伯高許士昇以賢良徵又案皇明古虞詩集許昇字士昇號坦坡洪武甲子舉人太常寺少卿據此則士昇宜改書名徵辟舉人當兩入陳山萬歷志作二十九年當改劉鵬失載當補嘉慶志列洪武初誤

尹克順 案歙菴集趙母一品夫人尹氏墓志銘尹之先青人也後遷上虞五大夫里洪武間刑部主事克順者以幹局通敏稱高帝呼爲尹倜倜又案尹氏譜克順名順以字行洪武二十四年膺人材聘拜刑部四川司主事萬歷志列十三年庚申誤今改

張九容 案張氏家傳九容名容幼穎悟六歲遊金疊山客有吹洞簫者曰聞子善琢句試爲一聯即云紫玉簫吹楊柳曲黃金帶鈒荔枝花衆皆稱賞七歲里中欺其孤幼誣以馬價官府不爲理與母鍾奏聞太祖太祖親鞫之問其年曰七歲太祖謂曰七歲孩兒奏馬價容即叩頭答曰萬年天子坐龍廷太祖大喜命吏部記名俟長取用洪武甲戌以賢才舉召對稱旨除授山東參政勸學重農宣布德意六郡戴德以事謫降典史未幾復原官踰年卒據此則九容舉賢才當改二十七年舊列二年誤

吳賢 萬歷志以顧問稱旨授長沙知府文學政事並擅其長

丁和丁侃　案丁氏譜和字維禎洪武二十八年舉賢才膺聘授靖安縣縣丞改丞福建閩縣侃字友直永樂二十年由人材授溧陽縣主簿尋陞廣宗縣知縣

張九功　張氏家傳九功名叙以經明行修辟爲臨海訓導調崑山陞宜春教諭所至多所造就永樂乙酉科典河南鄉試有聲被薦入文淵閣修永樂大典自號樗菴有樗菴集

張鑑　案張氏家傳鑑字廷昭宣德壬子以禮經應文學材行制科吏禮二部及翰林三試皆首選任嘉定丞未幾陞潁州判官補祁州改調通州居官清介卒於任知州崔富爲買棺以斂著有復菴稿據此鑑宜改入宣德萬歷志作正統十年非

范升　萬歷志字士升博學篤行優於詩文官教諭凡十八年歸自號宜休著有享金敝帚瓦釜餘音邯鄲學步

俞謐　萬歷志作謐據刊誤改

張璨 案張氏譜璨字景玉居傑子肇慶府知府謝琥薦於朝辭不赴當卽是人萬歷志作燦誤

張璇 案張氏譜璇字景桓居彥子景泰間應懷才抱德制科任昌平縣丞佐政有方秩滿陞盂縣知縣再任永淸萬歷志徵辟有張瓛無璇且入成化九年永淸縣志職官表作張瓛在宏治中河南通志職官作盂縣知縣張瓛疑璇後改瓛永淸志誤瓛耳至年世不符當以家傳爲可據謹刪張瓛增入張璇又浙江通志薦辟有張翰英案居傑字翰英然不由薦辟錢枚云此嵊人當刪從之

張大中 案張氏譜萬歷癸巳膺鴻詞者名大中官國子監學錄大本字立如由仁和籍康熙乙酉歲貢官光祿寺署正舊志作大本非今從刋誤改正

鍾霆 萬歷志字伯震幼專毛詩著述深造奧旨

杜肅嚴震張孝本陳暉 以上四人皆進士題名碑錄所無上虞縣科甲題名碑亦無杜肅張

孝本萬歷志有之姑仍其舊

孫景雲　萬歷志知玉山縣以廉能稱政績懋著未幾卒於官妻鍾氏哀毀自縊從之人以爲景雲刑家之化云

何大化　案大化萬歷志不署官嘉慶志注按察使府志注參政無省分刊誤則云由郎中官廣東布政使檢廣東通志職官布政使無何大化今從萬歷志仍不書官

顧思禮　顧氏譜思禮治禮記中洪武庚午鄉試任山東知縣萬歷志作教授今從刊誤改

貝秉彝　案明史秉彝傳作永樂二年科甲碑作壬午又省志無貝瓊科甲碑有之科甲碑楊敬中列傳璇後省志居首今悉從省志

黃德政　科甲碑正統萬歷諸志均作黃省志誤作費

張驥　案驥舊誤騁今從省志正統志張氏譜改

正

俞宗潤俞宗愼潤舊誤愼愼舊誤順今從刋誤改正

葛詡萬歷志正統中任沅州訓導厚重寡言學問淵深拜監察御史陞湖廣僉事有廉幹勤能之譽

張嵩案省志辛卯癸卯兩載張嵩科甲碑止載癸卯張氏譜亦作癸卯省志辛卯嵩下注鎮江知府實即一人今刪彼存此

鍾炫萬歷志初任石埭教諭正己率人士類振興後陞知縣

王淪王進誠齋府君行狀字一通爲寶慶通判以德化民郡有兄弟爭產者諭以至情而繼之以泣其兄弟感愧各讓所爭歸之學宮

張錦案省志府志成化丙午宏治乙卯兩載今刪其一

洪澄　案洪氏自有恒移籍錢塘至襄惠鍾凡三世澄已四世故刪瞻祖以仍籍上虞載之科甲碑列澄而反刪瞻祖何也

諸克諧　省志作定海人今從萬歷志存之

胡景華　萬歷志字實之諸生時即以孝弟重於鄉歷宰山東文登廣東揭陽福建龍巖縣皆以廉明稱去後無不尸祝

謝徵　科甲碑不載省志作會稽人改籍已入從刪

徐啟東　舊志誤列進士今改入舉人

倪文熺　倪氏譜字羽朱性發達不拘小節凡所爲必軌於正居喪俗例避煞熺獨寢靈側夜半聞若有物喧於筵上熺起掣劍厲聲擊之物即奔逸子孫世守其劍遂不從俗避煞天啟乙丑赴會試值魏璫視學喟然嘆

曰刑餘視學千古未有時事如此吾將焉

求遂不就試束裝南歸卒年三十有九

徐允昇　徐氏譜出守順德丁艱服闋陞廣東兵備道時中原盜賊蜂起知不可爲遂歸魯王監國起兵部右侍郎巡撫金衢嚴三郡不應

羅覺來　案省志崇禎癸酉科應天中式載上虞羅覺來康熙志癸酉應天副貢又載羅覺來府志同今刪其一

陳秉　案舊志人物傳作秉全據采訪冊秉全實名宗偁選舉志並落全字然正統志已作陳秉秉未敢遽改存以俟攷又案明代貢生舊志都無紀年今自嘉靖以前從歲貢題名碑詳載其他或從刊補各家譜牒及采訪略載一二餘無年甲可稽者通附各朝之末又案歲貢碑附載例貢今惟恩拔副歲優五貢入之餘不錄

盧伯輝徐紳杜泗　三人年甲正統志較歲貢題名碑均先一年

趙聰 趙彖 葛啟 陸秩 管睦 案五人正統志一作永樂癸未一作甲申葛陸管三人無年甲今據歲貢碑入建文中舊題永樂者以明時曾削建文年號故也又案萬歷志趙彖居家以孝謹聞出仕以接引後學爲已任

虞鏞 沈晃 案萬歷諸志鏞入宣德晃入正統歲貢碑亦題宣德正統然鏞貢年曰癸卯晃曰甲寅鏞實永樂二十一年晃實宣德九年故移入永樂宣德

范璉 歲貢碑載甲申選貢案徐守誠范君墓表云天順五年領貢授廣東樂會訓導以最擢湖廣咸甯縣教諭據此改入辛巳又案萬歷志云以興起斯文爲已任莆田李長源贊其仕足事君澤足及人職不負身身無忝於親

鍾偉 萬歷志作韋嘉慶志作韋瞻今從歲貢碑

賈章 案賈氏譜章正統十三年以善書薦爲戸曹掾歲貢碑無名嘉慶志列天順貢生誤今從刋補刪

張克濟 歲貢碑不載案張氏譜字協周成化己丑歲貢官山西榮河縣知縣陞秦州府知州據補

范塤 萬歷志鄖城知縣以擒流賊功陞汝州知州有四村戰捷圖劉校爲之記

錢昺 萬歷志博學負奇時稱大戴禮宗名士多出其門與王華黃珣王鑑之費愚四人爲石交廷試第一選訓秦與陞教授先是陪范塤貢范患目疾不能起以推昺昺不可百計爲療治范得愈先貢

謝純

趙鳳

趙汝彰

魏瑤 舊表無據刋補增

俞元直 舊表列正德中今從刋補改

張健 萬歷志以德行文學稱所著有槐東集

謝鳴治 萬歷志英敏開爽以易名家子師成師嚴相繼登第皆承其家學云

唐艮心 萬歷志居家孝友爲教授訓弟子先德行風聲所及咸思自勵

馮子龍丁大經舊表無據刊補采訪增凡刊補及各家譜牒采訪有年甲者各依次增入其無查者通坿於末下倣此

楊繼時萬歷志注錢塘籍恩貢又潘景元注仁和籍凡貢惟副貢由順天中式者錄餘不錄舊志如順治朝李宗山陰籍歲貢王錡諸暨籍貢康熙朝范家相孝豐籍拔貢羅正朝柯純會稽籍拔貢至刊補所收外籍尤夥蕪雜無當謹皆從刪

陳和　陳氏譜字騰輝性嗜古博覽經書律己不苟課士有方理縣篆黎民歡呼頌聲載道

陳希周　陳氏譜字道鳴性孝友持己謙默與人寬厚一時名士多出其門後陞河南王府教授檄至嘆曰廣文況味已熟嘗之王門曳裾無復是願矣即日繳檄辭歸

姚九章　嘉慶志誤列崇禎時今從姚氏譜改入天啟

顧景元　顧氏譜號繼陵少時致力詩書家業艱苦游京師
習吏事尋膺鄉舉登進士首選除湖廣僉書都司
陞淮安遊擊補陝西掌印都司陞北京倒馬關參將不
就後調京城神機營參將值魏璫肆虐遂杜門養晦云

國朝

倪長庚　補稿字國士邑庠生雍正七年安徽巡撫魏廷珍
特薦賢良引見　命往甘肅以知縣用舊無今增

謝泰　案進士題名碑錄明正德丁丑科謝元順注會稽籍
康熙志謝泰注元順曾孫是出籍已四世矣入之太
濫謹
刪

趙殿最　案鮚鯖亭集殿最由上虞寄籍仁和
三世今凡寄籍者率以三世爲斷

周伊王楚士王德士王孚鏞　案嘉慶志有此四人進士題
名碑錄無皆刪又鄭源濤注
宛平籍顧德慶注山西籍而
舉人表中並無其人亦刪

俞咨 俞氏譜字玉及天性孝友康熙癸未赴會試不售聞母病亟歸中途墜馬踰月卒

趙珏

趙世玉 省志府志無刪之

錢必達 嘉慶志錢誤作徐從刊誤改

趙溶 省志錢塘人順天中式府志無刪

趙嵩英 舊志無今從府志增

李祥麟 李氏家傳字孔齋第進士歸主講蕺山書院成就學者甚多後選安南知縣一年以病歸著有黜遊

雜詠

陳模 刊補字端人乾隆癸酉舉人仁和籍江西崇仁縣知縣祖天錫世居夏蓋山西河因潮患遂徙杭城舊無今增又補稿所增如顧芳名顧銓顧純愷等是否虞人寄籍某省無從稽核不入

徐觀海 墨林今話上虞徐袖東觀海一字壽石又號幼盧僑居錢塘乾隆庚辰舉人官四川知縣以軍功進秩司馬舊無今增

徐立綱　徐氏家傳字條甫號百雲督學安徽被時
議左遷告養回籍著有五經旁訓等書

胡如瀛　史致光胡君行狀原名如澎字東表號海峨由舉
人考取教習以知縣用歷任山東博山縣冠縣有
神明稱後補廣東順德順德三面距海爲海匪出沒所
如瀛至即詣沿海一帶駕舟巡閲由是得病不數日卒

徐熙　一家言字光普號敬堂原名肇湘丁酉易名熙北闈
中式第五名改歸上虞籍又易名配義自幼沈潛好
學家饒貲財
無紈袴習氣

李鼎　李思載　案李氏自明季徙居郡城至平郎入籍山陰
鼎與思載移籍久矣舊志入之太濫今删

朱壬　采訪册字覺斯歷任四川南川鹽亭大足等
縣有政聲所至多去後碑民立生祠祀焉

夏琳　采訪册字蕙圃著有瓊翠
山房集選入中州今雨集

金朝棟　采訪册字德如歷任河南知縣咸豐四年汝甯府
屬捻匪竄擾朝棟署汝陽帶勇防勦生擒逆首傳

九功復任羅山籌餉募勇嬰城
固守事平以軍功保舉知府

夏謙 采訪冊字幼蘭道光戊戌會試挑取謄錄議叙知縣
咸豐癸丑選授廣東開平縣委署儋州知州行至長
洲遇盜被害奏請以陣亡例 賜卹
著有小綠筠堂集悅情話軒雜記

趙震陽 刊補字奎先孝子完璧長子天性孝友知西甯縣
輕徭薄賦崇興學校士民感德改補漳平遭耿精
忠之變募兵守禦事平
將加歷賞以年老告歸

案舊志所載選舉以薦辟歲貢舉人進士武選各分門
類編列不解作表嘉慶志始立選舉表然每格之中各
注甲子仍不知年經事緯之法又於每人之下添注事
實尤乖表體茲仿史公年表之例紀年先後依次不混
又仿常道將士女目錄所注事實揭著表後其有訂譌
補佚削濫存疑亦各錄考中不敢意爲增刪封蔭仕籍
以次
附焉

封贈

明

葉良玉　以子砥贈饒州府知府
薛廷玉　以子文舉贈都指揮使司都事
俞性　以子尚禮封江西布政使司參議
葛琦　以子翊封監察御史
姚必達　以子平封兵部員外郎
謝惟震　以子澤贈通政司通政使
陸友仁　以子儔封監察御史

張文俊　以子九容封山東布政使司參政
張文昇　以子鵬封東昌府知府
張緬　以子居傑封吏科給事中
范仲謙　以子宗淵贈監察御史
謝居敬　以孫澤贈通政司通政使
謝原宸　以子琬封刑部郎中
張孝先　以子嵩封當塗縣知縣

陳　瑰　主簿以子金封刑部郎中
羅　瑾　訓導以子澄封監察御史
葉　緯　以子冕封監察御史
王處安　以子鉉封兵科給事中
王　壽　以子進封大理寺評事加封成都府知府
陸　全　以子淵之贈禮部主事加贈敘州府知府
洪榮甫　以曾孫鍾贈太子太保刑部尚書
洪有恆　以孫鍾贈太子太保刑部尚書
洪　薪　以子鍾贈太子太保刑部尚書
潘　旻　以子府贈兵部主事
朱　顯　以子蕙封京衛經歷
尹　岐　以子洪贈監察御史
葛文玉　以孫浩贈大理寺卿
葛用聲　以子浩封五河縣知縣加封邵武府知府贈大理寺卿

陳世英以子大紀贈大理寺評事　薛伯順以子貴贈南京金吾右衛經歷

張璁以子文淵封工部主事　謝謙以子忠封工部郎中

徐祐以子朴贈刑部郎中　葉珊以子信封大理寺評事

朱蕙京衛經歷以子袞贈刑部員外郎加贈工部郎中　顔杲訓導以子煁贈刑部主事

曹信以子軒封監察御史以子輻封工部郎中　車克高以孫純贈雲南布政使司參政

車廷器以子純贈工部郎中加贈雲南布政使司參政　陳汴以子楠封大理寺評事

陳模以孫洙封南京福建道監察御史

姚霽以子翙鳳封兵部員外郎

賈幼安以子大亨封監察御史

尹文鑑以子壇封騰驤左衛經歷

徐子熙光祿少卿以子應豐覃恩進階奉政大夫

陳述以子紹封南京河南道監察御史

陳瓚以子洙封監察御史

謝允中以子瑜贈蒲城縣知縣○案嘉慶志作謝銓以子瑜封蒲州州知縣

陳大練以子信封刑部主事

徐大中以子惟賢封工部主事加贈按察司副使

陳述以子絳封工部都水司主事加封青州府知府

金德昭州判以子桂累封按察司副使

楊銓一 廩貢以子旦封奉直大夫　鄭　遂 典史以子舜臣贈歙縣知縣

鍾　祥 以子穀贈刑部主事加贈員外郎　倪應蘄 以子涑封安福縣知縣

徐子麟 訓導以子希明累封蘄州知州　顔天錫 以子洪範封上海縣知縣加贈刑部員外郎

陳守信 以子王庭贈萬載縣知縣　陸汝大 以子鯉贈南雄府同知

徐廷仁 以孫震贈中大夫　徐龍德 以子震贈大理寺評事加贈延平府知府○案嘉慶志作贈中憲大夫累贈中大夫

陳　僖 以子民性贈臨淮縣知縣　顧　吉 以子充贈工部郎中

許復宗 以子愔贈欽天監承德郎中官正　沈　佩 以子桂贈大興衛左經歷

劉瀟　以子木封兵馬副指揮

陳旦　以子繼疇封泉州府推官

徐希濂　以子如翰封行人司行人

丁文澤　以子彩封京衛經歷

徐之繹　典史以子甲庫大使宮覃恩封登仕郎

陳國光　縣丞以子文會覃恩進階修職郎光祿寺監事

鄭舜臣　知府以子一麟進階中憲大夫

何廷鳳　以子大化贈衛輝府知府

范友浩　以子琦封虎賁衛經歷○案嘉慶志作有浩

范位　以子棟卿封南京羽林衛經歷

王克義　以子南京廣積倉大使朝相覃恩贈登仕郎

徐子玠　以孫艮棟封廣東布政使司參政

徐秉文以子㒵棟封廣東布政使司參政	徐之縉以孫人龍封兵部右侍郎
徐　鄰以長子宗孺封工部員外郎以次子人龍封兵部右侍郎	徐　數以子子忱贈陸涼州知州
黃鳳鳴以孫越贈昭勇將軍累贈光祿大夫左柱國	黃　木以子越贈昭勇將軍累贈光祿大夫左柱國
姚士雅以子衎禮贈指揮僉事	姚嘉賓以子旭翀贈兵部員外郎
倪　涷以子元璐封翰林學士	倪　涑以子元珙封御史
鄭　冕以子祖法封知府	周天錫以子夢尹封刑部主事
丁履元以子進封翰林侍講	徐啟仁以子觀復封池州推官

李廷瑚以子懋芳封山東巡撫　徐祖庚以子景麟封大理寺評事加封建甯府知府

徐如山以子一掄封山東道御史　徐鳴玉以子爾一封工部員外郎

陳雲器以孫維新封副都御史　陳應期以子維新封副都御史

陳約以子美發封翰林諭德　徐廷櫝以子允昇封兵部車駕司主事

徐承寵以子復儀封刑部主事　趙宋醋以子履祥封知州

國朝

李宗以子平封翰林院編修　朱鳴朝以子魁鰲封直隸唐山縣知縣

黃中憲以子應乾贈吳川縣知縣　趙完璧以子震陽封西甯縣知縣

趙敏宗　庠生以次子燮英封武德將軍	趙　鶴　庠生以孫燮最贈光祿大夫
趙汝楫　州同以子燮最封光祿大夫	趙　艮　以子國麟封右副都御史
朱鼎祚　庠生以子璘贈中憲大夫南陽知府	徐大純　以孫立綱封翰林院編修
徐肇南　以子立綱封翰林院編修	徐宏文　以孫雲瑞贈翰林院編修
徐正元　以子雲瑞封翰林院編修	范兆登　以子嘉業封內閣中書
范玉佩　以孫繼昌贈奉政大夫	范秉毅　以子繼昌贈奉政大夫
俞蟾生　以孫錡贈廣西向武州州判	俞文學　以子錡贈廣西向武州州判
朱　淦　以子王封鹽亭縣知縣	范嘉校　以曾孫衷贈江南道監察御史
范夢龍　以孫衷贈江南道監察御史	范學詩　以子衷贈江南道監察御史

徐洪業以孫聯奎封奉直大夫南昌府同知　徐宗元以子聯奎封奉直大夫南昌府同知

何宗賢以子浚贈武顯大夫福建福甯鎮總　胡甸翰以子世昌贈雄縣知縣

兵

徐立本以子松封翰林院編修　謝公津以子廷樞封中憲大夫

連雄飛以子彭年封朝議大夫　徐華國以孫迪惠贈江西泰和縣知縣

徐世勛貢生以子迪惠贈江西泰和縣知縣　錢殿瑞以孫駼贈中憲大夫

錢鳦飛以子駼贈中憲大夫　陳誠以子騏贈武宣縣知縣

俞一淸以孫潘贈奉直大夫　俞寶書以子潘贈奉直大夫

錢學參以孫協和贈內閣中書　錢球以子協和贈內閣中書

羅大椿　以孫寶森封翰林院庶吉士

羅富周　以子寶森封翰林院庶吉士

陳金言　以子泰贈平遠縣知縣

陳志鈞　以子寶三贈吳堡縣知縣晉贈奉政大夫

陳復仁　以子瀛封鳳陽府知府晉封中憲大夫

錢珽　庠生以孫世叙贈朝議大夫

錢徵恩　以子世叙贈朝議大夫

胡緡　以孫鍔贈工部屯田司郎中

胡篪　以子鍔贈工部屯田司郎中

胡筳　鍔本生父贈工部屯田司郎中

張志銘　庠生以曾孫曜章恩贈榮祿大夫又贈振威將軍加贈光祿大夫

張濤　知州以孫曜章恩贈榮祿大夫又贈振威將軍加贈光祿大夫

張世桐監生以子曜覃恩贈榮祿大夫又贈
振威將軍加
贈光祿大夫

徐迪簡以子作梅封中憲大夫北流縣知縣

胡如璐以孫仁燿贈內閣中書晉封奉直大夫

胡如洄仁燿本生祖贈內閣中書晉封奉直大夫

胡肇機以子仁燿贈內閣中書晉封奉直大夫

葉楷以孫如珪贈資政大夫

葉炳以子如珪贈資政大夫

葉烜如珪本生父贈資政大夫

胡鎮以子纁封中議大夫

朱思正以孫懋政贈刑部郎中加贈中憲大夫

朱允中以子樾政贈刑部郎中加贈中憲大夫

案舊志載封贈自明始明以前無考從缺至國朝不勝臚載今就采訪所及參以烏程志例文自七品武自五品以上錄之餘不羼入

蔭襲

明

謝　儼以父澤蔭大理寺評事　　洪　濤以父鍾蔭南京都察院都事

洪　梗以祖鍾蔭詹事府主簿　　葛　臯以父浩蔭南京都察院照磨

韓　洸以父銑蔭都司斷事　　葉志周以父經蔭詹事府錄事

國朝

張端本 以父曜廕工部主事

案咸同間殉粵匪之難予廕者衆未能悉攷且多承襲而未出仕今倣烏程志例概不錄

仕籍

明

王起東 禮部侍郎　　賈章 光祿寺錄事

尹紘 河南陳州州同　　周韶 河南鄭州州同

黃襄 京衛經歷　　項東野 揚州興化縣知縣

黃瀹 湖廣歸州判官　　黃文 順天府經歷

黃尚茂山東萊蕪縣知縣	
國朝	
趙振芳福建建甯府同知	高　選漢軍山東武定州知州
黃　琮安徽旌德縣知縣	經　緯漳州府同知
顧芳宗河南項城縣知縣陞雲南雲龍州知州轉戶部郎中	顧聞禮河南儀封縣知縣
車載輻山西汾陽縣知縣	俞　錡廣西向武州州判
顧　璜河南原武縣知縣	馬　燧廣東會同縣知縣
趙本植甘肅慶陽府知府	連彭年四川忠州知州

顧廷椿 四川巴州知州

陳祈秀 廣東按察司經歷

徐百度 山東濟甯州州同

范元鵬 福建永安平和縣知縣

范元勳 廣西興安縣知縣

顧　崑 四川瀘州納溪縣知縣

林大椿 湖南耒陽縣知縣

林啟泰 福建同安縣知縣

謝廷樞 歷任湖北黃州武昌府知府署漢黃德道

胡如沅 署湖南湘潭縣知縣陞永綏廳同知

章元善 署安徽鳳潁同知

胡　棠 江蘇高郵州知州

陳寶書 貴州石阡府經歷署安南縣事陞湖南黔陽縣知縣

陳南峯 福建侯官縣知縣

胡肇棨 江西鉛山縣知縣
朱照佩 四川潼川府同知署理知府

陳雯 安徽桐城縣知縣
陳泰 廣東平遠縣知縣

羅鶴翔 江蘇高郵州知州
林紹芳 福建南平縣知縣

林安佐 直隸通州知州
陳恒開 歷任湖北武昌縣福建建安政和閩縣知縣

陳兆慶 河南原武縣知縣
錢冠瀛 歷署福建同安壽甯長泰等縣補晉江縣知縣

胡鍔 工部屯田司郎中
陳兆齡 署江蘇寶應縣知縣陞江甯府督糧同知

陳　澐　歷任江西新城南豐等縣知縣
陳維模　歷署湖北咸豐長陽等縣補通城縣知縣
俞錫綱　直隸獲鹿縣知縣
胡　潛　山東東平州州判
葉　烜　歷任山東即墨東阿等縣知縣
葉如珪　歷任河南陳留永城等縣知縣
田其年　工部主事
王德溥　廣東合浦縣知縣
張　權　廣東連山廳同知
陳鳳翔　陝西朝邑縣知縣
錢　璟　兩廣鹽運使司運同
胡　濚　主事升用道
錢　瑩　廣東恩平縣知縣
陳學源　刑部主事
柴　棠　福建候補同知署甯德上杭縣知縣

案上虞舊志無仕籍王氏備稿始載之今倣邵二雲餘姚志例文官七品以上授實職者録惟事實卓著詳載人物傳者不贅

上虞縣志卷四　選舉表

（光緒）上虞縣志　卷四

上虞縣志　卷四

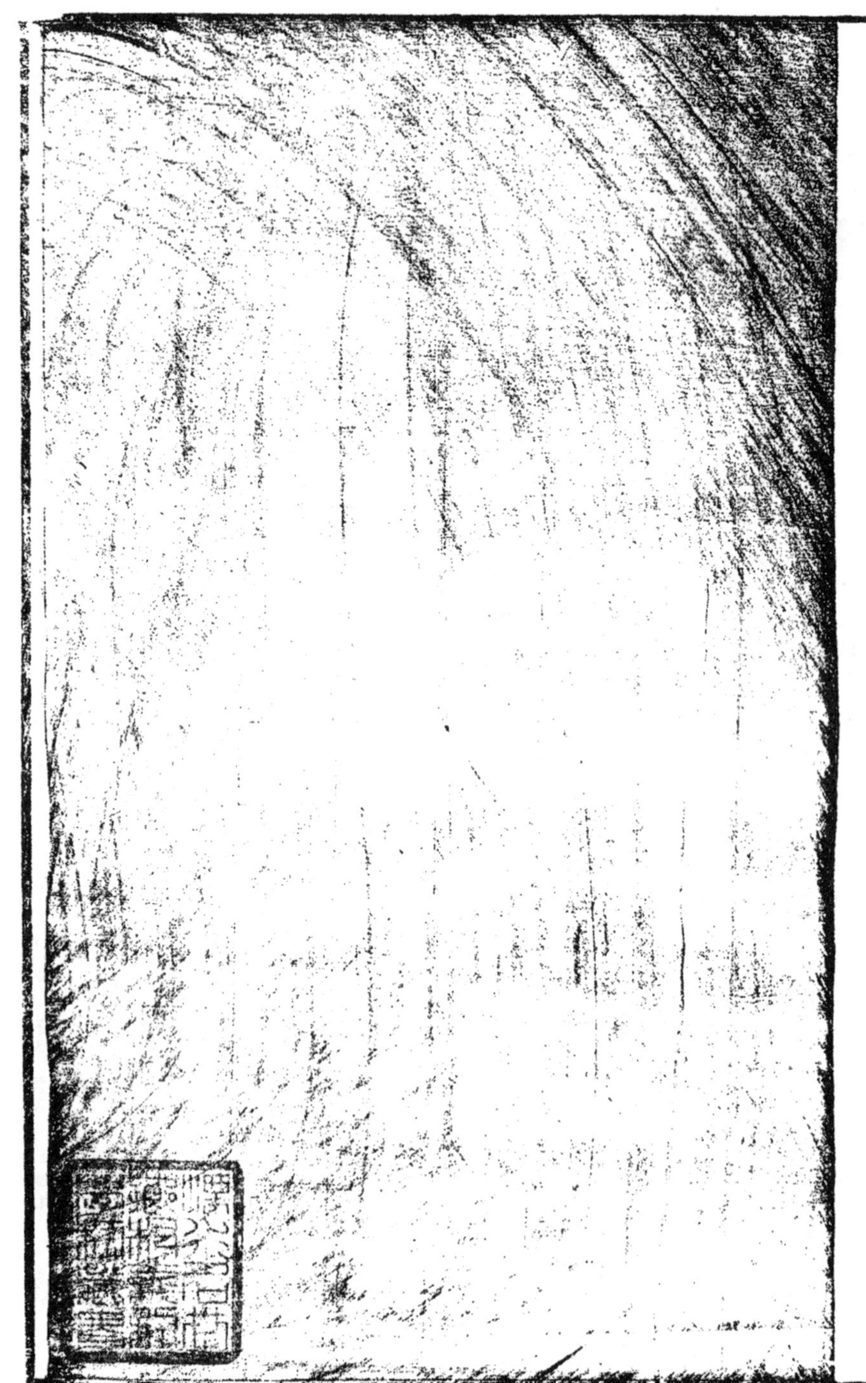